思想的·睿智的·獨見的

經典名著文庫

策劃 楊榮川

五南圖書出版公司 印行

經典名著文庫

學術評議者簡介（依姓氏筆畫排序）

- 丘為君　美國俄亥俄州立大學歷史研究所博士
- 吳惠林　美國芝加哥大學經濟系訪問研究、臺灣大學經濟系博士
- 宋鎮照　美國佛羅里達大學社會學博士
- 林玉体　美國愛荷華大學哲學博士
- 邱燮友　國立臺灣師範大學國文研究所文學碩士
- 洪漢鼎　德國杜塞爾多夫大學榮譽博士
- 孫效智　德國慕尼黑哲學院哲學博士
- 秦夢群　美國麥迪遜威斯康辛大學博士
- 高明士　日本東京大學歷史學博士
- 高宣揚　巴黎第一大學哲學系博士
- 張光宇　美國加州大學柏克萊校區語言學博士
- 張炳陽　國立臺灣大學哲學研究所博士
- 陳秀蓉　國立臺灣大學理學院心理學研究所臨床心理學組博士
- 陳思賢　美國約翰霍普金斯大學政治學博士
- 陳清秀　美國喬治城大學訪問研究、臺灣大學法學博士
- 陳鼓應　國立臺灣大學哲學研究所
- 曾永義　國家文學博士、中央研究院院士
- 黃光國　美國夏威夷大學社會心理學博士
- 黃光雄　國家教育學博士
- 黃昆輝　美國北科羅拉多州立大學博士
- 黃政傑　美國麥迪遜威斯康辛大學博士
- 楊維哲　美國普林斯頓大學數學博士
- 葉海煙　私立輔仁大學哲學研究所博士
- 葉國良　國立臺灣大學中文所博士
- 廖達琪　美國密西根大學政治學博士
- 劉滄龍　德國柏林洪堡大學哲學博士
- 黎建球　私立輔仁大學哲學研究所博士
- 盧美貴　國立臺灣師範大學教育學博士
- 薛化元　國立臺灣大學歷史學系博士
- 謝宗林　美國聖路易華盛頓大學經濟研究所博士候選人
- 簡成熙　國立高雄師範大學教育研究所博士
- 顏厥安　德國慕尼黑大學法學博士

經典名著文庫109

談談方法

Discours de la méthode

笛卡兒 著
（René Descartes）
彭基相 譯
張炳陽 導讀

經典永恆・名著常在

五十週年的獻禮・「經典名著文庫」出版緣起

總策劃 楊榮川

五南，五十年了。半個世紀，人生旅程的一大半，我們走過來了。不敢說有多大成就，至少沒有凋零。

五南忝爲學術出版的一員，在大專教材、學術專著、知識讀本出版已逾壹萬參仟種之後，面對著當今圖書界媚俗的追逐、淺碟化的內容以及碎片化的資訊圖景當中，我們思索著：邁向百年的未來歷程裡，我們能爲知識界、文化學術界做些什麼？在速食文化的生態下，有什麼值得讓人雋永品味的？

歷代經典・當今名著，經過時間的洗禮，千錘百鍊，流傳至今，光芒耀人；不僅使我們能領悟前人的智慧，同時也增深加廣我們思考的深度與視野。十九世紀唯意志論開創者叔本華，在其〈論閱讀和書籍〉文中指出：「對任何時代所謂的暢銷書要持謹慎的態度。」他覺得讀書應該精挑細選，把時間用來閱讀那些「古今中外的偉大人物的著作」，閱讀那些「站在人類之巔的著作及享受不朽聲譽的人們的作品」。閱讀就要「讀原著」，是他的體悟。他甚至認爲，閱讀經典原著，勝過於親炙教誨。他說：

「一個人的著作是這個人的思想菁華。所以，儘管一個人具有偉大的思想能力，但閱讀這個人的著作總會比與這個人的交往獲得更多的內容。就最重要的方面而言，閱讀這些著作的確可以取代，甚至遠遠超過與這個人的近身交往。」

爲什麼？原因正在於這些著作正是他思想的完整呈現，是他所有的思考、研究和學習的結果；而與這個人的交往卻是片斷的、支離的、隨機的。何況，想與之交談，如今時空，只能徒呼負負，空留神往而已。

三十歲就當芝加哥大學校長、四十六歲榮任名譽校長的赫欽斯（Robert M. Hutchins, 1899-1977），是力倡人文教育的大師。「教育要教眞理」，是其名言，強調「經典就是人文教育最佳的方式」。他認爲：

「西方學術思想傳遞下來的永恆學識，即那些不因時代變遷而有所減損其價值的古代經典及現代名著，乃是眞正的文化菁華所在。」這些經典在一定程度上代表西方文明發展的軌跡，故而他爲大學擬訂了從柏拉圖的《理想國》，以至愛因斯坦的《相對論》，構成著名的「大學百本經典名著課程」。成爲大學通識教育課程的典範。

歷代經典．當今名著，超越了時空，價值永恆。五南跟業界一樣，過去已偶有引進，但都未系統化的完整舖陳。我們決心投入巨資，有計畫的系統梳選，成立「經典名著文庫」，希望收入古今中外思想性的、充滿睿智與獨見的經典、名著，包括：

- 歷經千百年的時間洗禮，依然耀明的著作。遠溯二千三百年前，亞里斯多德的《尼各馬科倫理學》、柏拉圖的《理想國》，還有奧古斯丁的《懺悔錄》。
- 聲震寰宇、澤流遐裔的著作。西方哲學不用說，東方哲學中，我國的孔孟、老莊哲學，古印度毗耶娑（Vyāsa）的《薄伽梵歌》、日本鈴木大拙的《禪與心理分析》，都不缺漏。
- 成就一家之言，獨領風騷之名著。諸如伽森狄（Pierre Gassendi）與笛卡兒論戰的《對笛卡兒沉思錄的詰難》、達爾文（Darwin）的《物種起源》、米塞斯（Mises）的《人的行爲》，以至當今印度獲得諾貝爾經濟學獎阿馬蒂亞．

森（Amartya Sen）的《貧困與饑荒》，及法國當代的哲學家及漢學家余蓮（François Jullien）的《功效論》。

梳選的書目已超過七百種，初期計劃首爲三百種。先從思想性的經典開始，漸次及於專業性的論著。「江山代有才人出，各領風騷數百年」，這是一項理想性的、永續性的巨大出版工程。不在意讀者的眾寡，只考慮它的學術價值，力求完整展現先哲思想的軌跡。雖然不符合商業經營模式的考量，但只要能爲知識界開啓一片智慧之窗，營造一座百花綻放的世界文明公園，任君遨遊、取菁吸蜜、嘉惠學子，於願足矣！

最後，要感謝學界的支持與熱心參與。擔任「學術評議」的專家，義務的提供建言；各書「導讀」的撰寫者，不計代價地導引讀者進入堂奧；而著譯者日以繼夜，伏案疾書，更是辛苦，感謝你們。也期待熱心文化傳承的智者參與耕耘，共同經營這座「世界文明公園」。如能得到廣大讀者的共鳴與滋潤，那麼經典永恆，名著常在。就不是夢想了！

二〇一七年八月一日　於

五南圖書出版公司

目次

導讀／笛卡兒的哲學方法：主體性原則的建立　張炳陽

譯者序言

方法論

第一章　關於科學的各種研究……1

第二章　方法的主要規則……15

第三章　由這種方法提出的幾個道德規則……31

第四章　理性證明上帝與人類靈魂的存在或元學的基礎……43

第五章　物理問題的次序……57

第六章　再進一步研究自然需要的是什麼事……79
笛卡兒年表……101
笛卡兒主要著作書目……109

導讀

笛卡兒的哲學方法：主體性原則的建立

國立臺北教育大學語文與創作學系退休教授張炳陽

一、引言

笛卡兒的這本小書《談談方法》（一六三七）有其他中文譯者名為《方法論》或《方法導論》，這裡的「論」從法文的原文看，原意是指「談論」，而不是「理論」或「導論」，因此本書名為《談談方法》是較符合原意的。

這本書相對於笛卡兒的另外兩本比較有名的書《形上學的沉思》（一六四一）和《哲學原理》（（一六四四））似乎較不受到重視，但是這本書是笛卡兒以話家常的方式談論他的哲學方法，文字風格上較接近「隨筆」，這種隨筆經常以第一人稱的方式行文，自說自話，我們可以比較一下笛卡兒的法國同胞蒙田（Montaigne）在早他五十多年前所寫的《隨筆集》（一五八〇）的風格近似於此。文學風格是法國哲學家寫作的傳統，易讀而親切，與德國哲學家充滿著晦澀難懂的抽象概念大相逕庭。而且，幾乎所有笛卡兒的哲學的重要觀點都包含在這本小書裡面了，因此本書或許可以說是笛卡兒哲學的發源地，猶如黑格爾的《精神現象學》和尼采的《悲劇之誕生》。

二、笛卡兒哲學思想的根源

哲學史是一條長流，水有源，樹有根，除了極少數天縱英才的哲學家之外，哲學史上重要的哲學家莫不從前人的思想得到滋養而茁壯，也就說，哲學家的思想都是有所繼承，很少有哲學家能憑空而成一家之言的。笛卡兒哲學思想主要受到哪些哲學前輩的思想影響呢？大約可以提到以下幾個。

首先是蘇格拉底的「認識你自己」。這句話原本是刻在德爾菲阿波羅神廟牆上的銘文，這句銘文在蘇格拉底那裡已經不單單是神所啓示的話語，而是神要蘇格拉底去實踐的智慧。我們知道蘇格拉底經常說在他的內心裡有一個靈（daimon）向他說話，並且指導他的行爲。這個靈是內在於人裡面，因此在蘇格拉底那裡，這句話的智慧就把他探討外在世界拉回到人的內心世界，也就是建立心靈的主體性原則。如果說哲學就是愛智之學，那麼智慧必須在進入人的心靈中方能尋到。

第二是柏拉圖的「對理念的回憶」。笛卡兒有一個哲學思想「天生的觀念」（innate ideas）顯然與此有關聯。柏拉圖認爲人的認識（知識）即是對理念回憶的結果，而這理念是脫離感官經驗，純粹是回到心靈之中方可得到，因此哲學的訓練就是要人脫離感官的具體性，回到對抽象形相（idea）的純粹直觀。所以柏拉圖很重視幾何學，因爲幾何學就是一門脫離感性經驗的純粹直觀科學。柏拉圖學園入口的地方有一警語：「不懂幾何學的人莫入！」而笛卡兒對幾何學的喜好眾所周知，他甚至是「解析幾何學」的發明者。「純粹的直觀」可以說是笛卡兒對柏拉圖「理念的回憶」的改造，這個改造所以更具科學性，是因爲直觀中同時結合了邏輯的同一律，笛卡兒的純粹直觀是邏輯同一律的表現，因爲直觀（intuition）就是自明（evidence）的眞理。

第三是奧古斯丁的「內在經驗」。奧古斯丁是基督教教父哲學家與護教者，他在基督教信仰上走了一條「內在的」道路，也就是回到人的內心尋求神，他教導人不要往外尋找神，要轉回自身，認爲眞理就住在人的內心裡面。在思維形式上，奧古斯丁的內在轉向是受新柏拉圖主義影響的。奧古斯丁的論述方式確實提供笛卡兒建立第一哲學很大的啓發，笛卡兒的「我思故我在」及其論述方法的「懷疑」的過程很明顯帶有奧古斯丁的印記。在《論上帝之城》第十一卷中，奧古斯丁說：「如果我欺騙自己，我存在。亦即，人不存在，他就不能欺騙自己；因此，當我欺騙自己時，我恰恰存在。倘若我欺騙自己時，那麼我就存在；當我欺騙自己時、當我的存在是確定時，我如何會在我的存在中欺騙自己呢？因爲如果我被欺騙的話，被欺騙的將是我，如果我欺騙過自己——毫無疑問地——我欺騙自己不是因爲我知道我存在。因此，我欺騙自己也不是因爲我知道我知道這點。同樣地，像我知道我存在那樣，我也知道這件事：我知道這點。」

以上這一段奧古斯丁論述似乎繁瑣的引文，很明顯與笛卡兒的方法論的懷疑的論述方式極爲相似，如果一個人不存在，他就不可能被欺騙，一個人被欺騙，正表示他存在。一個人懷疑是因爲他害怕被欺騙，而他懷疑，他就存在，因此「我懷疑，故我存在。」（dubito, ergo sum）正是不能被懷疑的眞理。

笛卡兒在西方哲學史上有幾個「頭銜」：近代哲學創始人、理性主義開創者、身心二元論哲學家等等。但概括言之，笛卡兒哲學有幾個重要的基本論點：以數學作爲哲學的典範、以懷疑作爲普遍的方法、以心靈作爲最高的能力、上帝存在問題的論證、物理世界存在的論證。

三、以數學作爲哲學的典範

數學確定了公理，再由公理透過準確的邏輯推演得出一切數學知識，這裡隱含著數學的基礎是邏輯，而邏輯的根本來源是同一律（A＝A），同一律是指一物「自身等同」，即斷言：「A是A」。「一物自身等同」不是推論的結果，它是透過直觀直接得到的。由同一律可以得到矛盾律（～（A∧～A）），矛盾律是指一物自身不等同（即：是自己又不是自己）是不存在的，即斷言：「～（A∧～A）」。「一物自身不等同是不存在的」也不是推論的結果，同樣是透過直觀得到的。由同一律或矛盾律可以得到排中律（A∨～A），排中律是指一物是它自己或不是他自己，排中律是指一物與其矛盾物不能並存，只能存在其一。以上可見，矛盾律是從同一律而來的表述，排中律也是從同一律而來的，不論矛盾律或排中律都是同一律的不同表述，因此同一律是邏輯和數學最根本的原理。同一律是透過直觀而來的自明的眞理（evidence），是絕對不可懷疑的眞。笛卡兒在這裡得到一個洞見：作爲哲學的第一原理必須從像數學一樣不可置疑的原則出發，方能有穩固的基礎，這自明的眞理的演繹必須滿足清楚（clear）、分明（distinct）這兩個條件。清楚是指一物自身呈現在我眼前爲我所見，分明是指一物除了具有清楚之特質外，同時自身能與他物作區別。因此，分明之物必然清楚，清楚之物不必然分明。總之，數學演繹是從直觀眞理所提供的自明原理出發。

四、以懷疑作爲普遍的方法

古代希臘已經有懷疑論存在，基本上這些懷疑論有一個共同特色，就是對對象「不做判斷」，也就是採取不做任何肯定或否定的態度。不做判斷除了在知識論和形上學表達了對眞理的不確定之外，這些懷疑論者最終所要達到的目的是：在倫理生活中的不動心，「不動心」就是個人心靈不受外在世界的干擾而處於安寧的狀況。因此，這種懷疑論本身認爲我們對任何事物無法有眞實的判斷，對任何事物都要不作判斷（epoché），以此超越外物得到平靜。但是，笛卡兒的懷疑論與此不同，他的懷疑論目的是追求事物的確定性或眞理，因此懷疑只是作爲方法，目的是尋找能建構眞理大廈（科學、學問）具確定性的起點，也就是第一原理。笛卡兒認爲，要尋找這個確定的、不可懷疑的起點，首先我們必須懷疑一切事物的可信度、確定性，這裡的一切事物包括他所信仰的「上帝」和喜愛的「幾何學」，都要對它們採取不作判斷的態度，笛卡兒的不作判斷和古希臘的懷疑論不作判斷是有不同目的，他把「懷疑」當作工具，最終要拋棄它，古希臘懷疑論卻是始終堅持著「懷疑」。

笛卡兒的懷疑進程是這樣的：我可以懷疑一切，但是「我在懷疑」本身卻是不可懷疑，如果我要懷疑「我在懷疑」，那麼「我在懷疑『我在懷疑』」卻是不可懷疑的。如果要繼續懷疑下去，可以無限地懷疑，那麼更能確認「我在懷疑」的存在眞實性。笛卡兒認爲，「懷疑」即「思想」，因此「我在懷疑」即「我在思想」，思想表現出有一個進行思想的「我」的存在，因此：「我思想，所以我存在」，這就是笛卡兒有名的命題「我思，故我在。」（Je pense, donc je suis; Cogito, ergo sum）如果說，「我思想，所以我不存在。」這是違反邏輯的，這裡可見「我思，故我在」不是個推論，不是從「我思」推論出「我在」來，這個命題表現出一種「直觀」的眞理，直觀就是具自明性的眞理，它是同一律的顯示，因此正確來說，「我思（P），故我在（q）」在邏輯上不是表達爲 $p \to q$（如果p存在，那麼q就存在），而是應表達爲 $p \equiv q$（P等値於q），也就是「我思」與「我在」是等同的，即「我思」=「我在」，這個等同是被直觀到而具有自明性的，猶如A=A的直接確定性。附帶補充一下，從語言的角度，拉丁文本身的動詞是以其字尾變化來決定動作者的人稱，「我思」（cogito），其拉丁文一字作爲現在式直述動詞標準型之外，字尾的-o也表達了第一人稱單數（我），因此，cogito（我思），同時表達出-o（我）在了。

「我思」本身呈現了人是個自明的、不需要論證的心靈實體，它的全部本質就是「思想」。笛卡兒透過方法上的懷疑確立了形上學的第一原理：思想的我存在。這個原理確立了主體性原則，因此笛卡兒在哲學史上可以說是主體性原則眞正的創立者，固然在他之前的蘇格拉底也強調主體性，但它並沒有自明的邏輯性來保證；在他之後的康德完成了哲學的哥白尼革命，也就是以主體性（知性範疇）來建構對世界的認識，但不可否認的笛卡兒的主體性原則是康德先驗哲學的一個根源。

五、以心靈作爲最高的能力

即理性（在此或稱爲「理智」）作爲認識機能。笛卡兒所謂的直觀即是理性（理智）直觀，而非感性直觀，感性直觀摻雜了感覺的不確定性和偶然性在其中，甚至容易趨於神祕主義式的直觀。亞里斯多德已經說過，人的心靈最重要的機能就是理智活動。在笛卡兒那裡，理智直觀提供自明（evidence）的原理給心靈從事推理活動，從自明原理演繹出其他原理和定理，以便追求和建構普遍的知識或科學。因爲這些原理和定理是從自明的原理推導（演繹）出來的，因此也具有眞理性，而根據這些原理和定理所發現和建構的知識也就具有眞理性。這些基本上是以數學和邏輯爲典範，所以笛卡兒認爲理性的演繹功能是在從事邏輯的推理和論證工作，從這些演繹中建起起科學知識的大廈，笛卡兒被稱爲理性（理智）主義的創始者是名副其實的，同時也顯示在他之後的理性主義思想家幾乎都重視數學和邏輯在哲學思想中的作用。在笛卡兒來說，直觀和演繹是建構確定性知識的唯二道路。

六、上帝存在的論證

心靈（或靈魂）、上帝和世界是形上學的根本探討主題，笛卡兒尋找到作爲心靈的「思想的我」的存在之後，以之作爲哲學探討的阿基米德點，進而證明上帝的存在。笛卡兒對上帝存在的證明是這樣的：在我心中存有完滿的觀念，這個完滿的觀念不可能從我而來，因爲我本身會受騙和會懷疑表明我是個不完滿者，完滿的觀念不能從不完滿者而來，它只能從一個完滿者而來，這個完滿者就是「上帝」，因此上帝的存在是由祂自己的本質（完滿性）決定的，也就是說，上帝的存在包含在祂的本質裡。笛卡兒對上帝的這種論證在哲學史上一般稱之爲「存有論的論證」（ontological argument），提出這種論證最有名的是安瑟倫（Anselm，一〇三三—一一〇九），他認爲一個完滿的觀念蘊含著完滿者的存在，後來康德在他的純粹理性批判中對存有論的論證作了批判，認爲「上帝」只是一個先驗理念，並沒有實在性，邏輯和觀念裡的東西並不等同於實在的東西。然而，笛卡兒論證上帝的存在，其目的是利用祂來保證物理（自然）世界的存在。

七、物理世界存在的論證

笛卡兒認爲自我是純粹的心靈，物理世界或物質世界與心靈世界是完全不同的性質，心靈與物質都是實體，所謂「實體」是指「一物獨立自存且不依賴他物而存在」。這兩種實體絕然不同，物質不能產生心靈，心靈也不能產生物質，心靈與物質相互獨立，笛卡兒是個心物二元論者。心靈的屬性是思想之物（res cogitans），物質的屬性是廣延之物（res extensa），兩種屬性也互不交涉。我們能有物質的觀念並不是由我們的心靈產生的，而是由上帝提供給我們物質觀念，上帝是全善完滿的，祂不會騙我們，反而是物質世界存在的保證。總之，上帝是心靈和物質這兩個實體的原因和保證。笛卡兒認爲，心靈是思想之物，所以它不占有空間，因此不可分割；物質是廣延之物，它占有空間，因此是無限可分割的。而且物質都是運動著，它運動的原因有兩個，一個是物質之間的作用力和反作用力，另一個是來自上帝的推動，上帝是所有運動的第一因，一旦推動之後，物質就按照自己的規律運動和變化。所以，笛卡兒的宇宙觀是個機械論的宇宙觀，所有物質構成的身體都是一部機器，人的身體也是一部機器。笛卡兒的物理學宇宙觀後來影響法國唯物主義非常深遠，十八世紀法國哲學家德拉梅特里（Julien Offray de La Mettrie）於一七四七年出版一本唯物主義哲學著作《人是機器》，從其書名可見其思想主張受笛卡兒的影響。

八、餘論

笛卡兒提出「我思故我在」作爲哲學探討的「第一原理」，所謂「原理」在那個時代的語言用法裡有「根基」的含義，也就是作爲學問的開端、出發點的公理。在笛卡兒之前，學術界幾乎在亞里斯多德哲學的籠罩之下進行研究，培根（F. Bacon，一五六一—一六二六）和笛卡兒算是最早擺脫亞里斯多德哲學系統的獨立思想家，這兩位都尋求新方法建立自己的哲學，培根成爲英國經驗論的始祖，而笛卡兒成爲歐陸理性主義的創始者，繼他之後著名的理性主義哲學家有史賓諾莎、萊布尼茲，後兩者的哲學系統也都是以邏輯、數學爲典範，而他們所探討的幾個基本哲學觀念大部分的是笛卡兒所重視的，如「實體」、「屬性」、「確定性」、「完滿性」、「天賦觀念」或「內在觀念」等等，這些都主導著後世哲學研究的重要術語。後世重要的哲學家也經常返回笛卡兒的哲學重新評價其哲學意義和重要性，最有名的例子是現象學創始者胡賽爾（E. Husserl，一八五九－一九三八），他要把哲學建立成爲「嚴格的科學」，提出「回到事物本身」的「本質直觀」、「存而不論」（epoché）等等，都是與笛卡兒的哲學精神相通，他自己也是個數學家，甚至有一本名爲《笛卡兒的沉思》的作品來反思笛卡兒的沉思。

譯者序言

笛卡兒（René Descartes）生於法國都來（Touraine）的一個小鄉村裡，時在一五九六年三月三十一日。初在夫雷施（Fléche）中學讀書，教師都是教會裡面的人；在十六歲他就畢業了，時爲一六一二年。後在巴黎住了四、五年，至一六一七年，他就離開巴黎到荷蘭去了；復歷遊德國、瑞典、丹麥諸國。在這次遊歷中他因爲觀察了許多不同的風俗習慣，對於他的思想有很重要的影響，這他自己在《方法論》中已說了。他自遊歷歸來後，在巴黎又住二年。在一六二八年他自願服皇家軍隊之役；最後至一六二九年復返於荷蘭，避免一切紛擾，潛心著述與思想，開始計畫其一生之偉大工作。他在荷蘭住二十年之久，在此二十年中他研究數學、哲學、物理學、化學及解剖學等等。他雖以哲學家著名，在數學上也有很大的發明（如發明解析幾何），對於物理學、化學、解剖學他也極有興趣。有一個故事說，一天有朋友要參觀笛氏的藏書室，笛氏即引他們到他房後的一間小屋子裡，打開簾子，叫他們看他解剖的小牛，他說：「這就是我的圖書館。」由此可以知道他對於解剖學極有興趣。這在《方法論》的第六章也可以知道。他在一六四九年奉瑞典王后之召，再赴瑞典講學，卒以氣候過寒，身體衰弱不能耐，遂於一六五零年死於瑞典，時年五十三歲。至一六六七年，將笛氏遺屍由瑞典運回法國，而葬於聖愛提教堂（Saint-Etienne-du Mont）。這就是笛氏的一生。

他的這本《方法論》是一六三七年與 *Dioptrique* 及 *Météores, Geometrie* 同時在來地（Leyde）這個地方出版的。後由顧遂里（Courcelles）譯成拉丁文，這個拉丁文的譯本曾經由笛氏親自校閱過。笛卡兒是近代哲學的開始者，他的哲學所以與古代哲學不同，即是因爲他所用的方法不同。他要根據一個確定的方法，一個像數學一樣清楚明白的方法，一個與科學精神相合的方法。這種新的方法不僅是對於古代傳統的哲學起了革命，並且對於後來的影響也很大；我們可以說法國自笛卡兒以後三百年來的哲學都不能脫離這種方法的影響。所以《方法論》這本書在笛氏哲學中不能不占一個很重要的地位。雖然笛氏在生前因爲應用這種新方法受了很大的犧牲，但是在他死後亦可以獲得代價了。

我翻譯這本書是根據法文的原本，並參考許多書加以註釋；我想這種註釋對於讀者了解這本書一定有幫助，所以我的時間一定不是白費。並且這種註釋在任何英文譯本中都沒有。至於我的譯文，我自己先在草稿上寫過，看我自己懂不懂、與原意對不對，而後才抄寫下來。總之，我對於這本書的翻譯並不敢草率，我想讀者也能知道。

最後我要感謝張東蓀先生替我做一篇序，對於我這本書的出版，他也有幫助。

中華民國二十二年七月十六日　基相於北平

方法論

——十分小心引導理性與在科學中尋求眞理——

假使這篇《方法論》[1]一次讀下去覺得太長，可以將它分爲六章。第一章是討論關於科學的各種研究；第二章是著者所研究的方法的主要規則；第三章是由這種方法中提出來的幾個道德規則；第四章是藉理性來證明上帝與人類靈魂的存在，他們就是他的元學[2]的基礎；第五章是

1 這本《方法論》與他的《靜思論》（Méditations）是相反，《靜思論》先是用拉丁文寫的，後來翻譯成法文：《方法論》是先用法文寫，後來翻譯成拉丁文的。此書法文原名為「Discours de La Méthode」一六三七年在來地（Leyde）這個地方第一次出版，和他的*Dioptrique, Météores, Géométrie* 同時出版。

2 Métaphsique 這個字，在中文有譯形而上學、玄學等等，我自己在以前也無一定，

他研究物理學問題的次序，特別是心靈運動的解釋，還有屬於醫學上的幾種困難，以及我們人類靈魂與獸類靈魂間的區別；最後一章是著者相信由研究自然的結果在將來所引起的問題，以及他寫這本書的理由。

最近看見別的朋友和前輩（如嚴復）都譯元學，也覺得有相當理由，所以我在這本書裡面都改譯元學。

第一章　關於科學的各種研究

好的理由[1]是宇宙中的東西，爲人人所同具；因爲每人都以爲他自己具有很豐富的理性，即那些最難歡喜一切別的事物的人，他們對於理性的欲望也不能比他們原來具有的爲多。這句話表面看來不免有錯誤；但是這或者更足以證明判斷與辨別眞僞的力量，這種力量正當說來可以稱之爲好的理由或理性，爲人人原來所同有。所以意見的不同並不是這個人比那個人更有理性，只是我們的思想在不同的方向中發展，只是一切人不能研究一個相同的目的。所以僅有好的心靈還是不夠，最主要的還是要善用這種心靈。最偉大的靈魂能成最大的善，也能成最大的惡；[2]假使有人順一條直路走，雖然他走得慢，就要他天天走，比那一

1　法文中「Le bon sens」在笛卡兒此書中所用的意義，與良心、好的理由、理性等等相等，此處我不譯良心而譯好的理由，是因為怕與道德上的良心相混。

2　柏拉圖說知的能力是一種神聖的、絕不失其善的性質；這種性質能變成有用或無用，有益或無益，要看指導的人如何。（《理想國》Ⅶ）這幾句話可以為笛氏這兒的註腳，換言之，即理性原為人人所具有，如善用之則為善，誤用之則為惡。

時跑一時停的人終究是要在前的。

至於我自己絕不敢以爲我的心靈較普通人完全些；並且我甚至希望與他人有相同敏速的思想、清楚的想像，或豐富的記憶。除此以外，我即不能知尚有何種性質能使心靈完全，因爲只有理性或覺知能唯一使我們成爲人，並使我們與動物不同，我只得相信每個人都有完全的理性，關於這一點我與普通哲學家的意見相同，他們說具有理性或多或少這是「偶然的」，[3]並不影響於在同類中之個人的「形式」或性質。

---

3 所謂「偶然的」（accident）即謂不是事物的必然性，例如：人或高或矮，或黑或白，這都是人的偶然性。至於「形式」則相反，係為事物之本性，例如：理性即為人的本性，因為無理性即不足為人。換言之，偶然性為寓德，而形成則為差德，寓德在同類（espéce）中可以各個不同，而差德在同類中必須相同，例如：人雖有黑有白，但莫不具有理性。

但是我可以大膽地說，我眞有很大的幸福，自我幼年以來，我能尋到幾條道路，領我到學問與公理的研究，由此我形成一種方法，藉這種方法的幫助，漸漸增加我的知識，日積月累，此種知識竟達於最高點，幾爲我孱弱的能力與短短的生命所難於達到。因爲由此我已獲得如此的結果，所以雖然我自己的判斷往往趨向於自欺，並不趨向於公正，雖然我用哲學家的眼光看世人的種種行動都似乎是無味，但我對於研究眞理已有的進步仍然極爲滿意，並且對於將來我有如此的希望，[4]即在人的職務中，只有人，或者能有最好的與最重要的事業，我敢說這就是我所要選擇的。

然而有時我自己或者也受騙，並且我也拿銅當作金，拿玻璃當作寶石。與我們有關的題目我們不知受了多少的欺騙，還有當我們朋友的判

4 在本書第六章中就可以知道這種希望。笛卡兒已知道科學能改造世界。這就是他此處為什麼要這樣說的理由。

斷有利於我們的時候，我們也應當加以審慎。但是在這本《方法論》中我很快樂能訴說我所走的道路，並且把我的生活清楚地描寫出來，因此每一個人可以自己來下判斷；並且由公共的談話使我能知他人已有的意見，這對於我自己的訓誨更有益處，這種受益的方法是在我平常所用的方法以外。

所以此處我並不是教人一種方法，這種方法是每人爲達到他的理性都應當遵從的，[5]只是訴說在何種情形中我如何努力實行我的方法。那些立有一定法則的人，一定以爲他們自己較他們所教授的人是格外靈巧，假使他們有些微不到的地方，他們應當受責罰。但是我的這本《方法論》只能視爲一種歷史，假使你願意的話，也可以稱之爲一種故

5 笛卡兒在一封信中說，他稱他的這本書為「Discours de la méthode」，而不稱之為「Traité de la méthode」，意思就是表示沒有教人的計畫。並且在實際方面比理論方面多。

事，[6]在這本書中有些可以跟著走，有些或者也不適宜於仿效，我希望有的能使用而對於任何人無傷害，並且特別要感謝我自己的坦白。

在我兒童時代，我已受文字的陶冶，[7]因此使我相信由這種方法，一個人也能獲得對於人生有用的清楚與確切的知識，所以我曾極想學習這種文字。但是當我學業告一段落的時候，即所謂獲得畢業學位的時候，我的意見完全改變。因爲我愈學覺得疑難愈多，誠所謂「學然後知不足」，即愈學愈發現自己的無知。然而，我曾在歐洲著名學校之一讀過書，我以爲在這個學校裡面的著名學者，在世界別的地方很難找到。在這個學校裡他人所學的我已都學過了；教給我的學問我不能滿意，我可以說讀盡了一切的書，即他人認爲最奇怪與最不易得的書都能到我

6 此字法文原為「fable」，與拉丁文「fabula」一字意義相同，故譯為故事。

7 這就是指他在夫雷施（Fleche）中學時代，受教會的指導研究學問。這種教育只可說是文字教育，與實地觀察不同。

的手裡。[8]由此我知道他人對於我所下的判斷，並且我也不覺得有人認爲我是在我的同學之下，雖然在我的同學中有人能被認爲占有大師的地位。並且在我們的時代也有豐富偉大的心靈，正如以前的時代一樣；這就是使我自由判斷其他一切的人，而達到這種結論，即以爲在世界上沒有一種學說能如我以前所信仰的一樣。

然而我並非要將學校的練習置之不理。我知道一個人所學的語言對於了解古代典籍非常重要；讀故事可以激動心靈，讀偉人歷史可以鼓舞心靈；並且讀書時如能善爲辨別，書本亦可以幫助人形成健全判斷。我知道讀一切好的書就是和許多過去高尚的人談話，因爲這些人就是著者，不，簡直是一個極小心有研究的談話，由此可以顯示出他們最好的思想。我以爲口才有一種力量與不可比較的美；詩歌最能感動人且能使

8 在後面我們就可以知道，笛卡兒除研究普通的科學以外，還研究許多玄妙的科學，如：星相學、魔術等等。

人愛；數學能有極高的發明，並且既能滿足好奇心，又能促進藝術，減少人的勞苦；[9]至於討論道德的著作不僅含有許多有益的教訓，並且含有許多極有用的善良勸告；神學是指導人到天堂的道路；哲學是給人以方法來談一切事的眞理，是引起那些學問較少的人來崇拜；法學、醫學與一切其他科學能給研究者榮耀與財富；最後可以說研究一切東西都好，即使是最迷信與最虛僞的東西，由此我們可以知道他們適當的價値，免得爲他們所欺騙。

但是我相信我學語言的時間已很多，即如古代典籍以及歷史故事，學的時間也不少。因爲與以前另一個時代的人談話正如旅行一樣。因爲旅行可以知道其他民族的風俗習慣，藉此可以對於我們自己的風俗習慣有一個公平的判斷，不要以爲凡與我們不同的就是可笑、就是反對理性

[9] 一切科學的進步都與數學有關係，詳細情形笛卡兒在第六章中將要說及，唯有科學能使我們認識自然，擁有自然。

的，正如許多人沒有看見的一樣。但是一個人旅行的時候太多了，對於自己本國好像是一個外國人；一個人對於過去要是過於好奇，對於現在就會一點也不知道。此外，如故事能使人想像實際上是不可能的事，即如最忠實的歷史，假使沒有誤傳或張大原來事體的價值，因爲要使之爲有價值的讀物，但至少會失去最微小與最不注意的情境；並且由此事實可以知道歷史所留存的事實並非原來實在所有的事實，並且由此來源而來的行爲也很容易成爲小說中的武士道，不免有誇張的地方，而形成能力難於達到的行爲。

我極重視口才，也極愛詩歌，但此二者我以爲是心靈的天才，並非研究的結果。凡是具有最強的推理者，與最能組織思想使之明瞭清楚者，定有研究眞理的最好能力，雖然他講極壞的布勒通[10]（**Breton**）的

---

10 **Bretagne**是法國西北部的一省，向來極為保守，尤其語言還是說初民的語言，故**Bretagne**的語言在法國是最無文法與修辭學的語言。「**Breton**」就是「**Bretagne**」

語言，從沒有學習過修辭學，也沒有什麼關係。凡是具有特創的觀念，且能用柔和文體表現出來的人，定是一個最好的詩人，雖然他不知道什麼是詩的藝術。

各種科學中我最歡喜數學，因爲數學有確定的證明，與明白的推理；但我仍不能了解其眞正用處，並且我以爲數學只能應用於機械的手藝，對於數學基礎之堅固結實，我亦極爲驚異，再沒有別的能建築在這上面。[11]在另一方面，古代許多異教徒討論道德的著作好比是富麗堂皇的宮殿，但其基礎仍是建築在沙泥上的。他們把道德看得太高，並且以爲是在世界上一切事物之上；但是他們不能使我們澈底認識了道德，並

的形容字。

---

11 此為笛氏主要意見之一，數學之重要已為近代科學進步所證實，並使哲學本身趨向於數學。

且他們所稱呼的美名只是愚蠢、驕傲、失望或凶逆。[12]

我尊敬神學，我希望進天堂也與任何人一樣地希望。但是我已知道，此爲極確定的事實，即到天堂的道路對於極無知識與極有學問的人是一樣地開放；並且由此引出啓示的眞理是十分超過了我們的智識，我不敢將之置於我們微弱的理性之下。我想要從事研究這種眞理，並且能夠成功，那必須要有上天的非常幫助，要有超乎人以上的幫助。

關於哲學我將一無所說，但是，哲學爲幾百年來最好的心靈所培養，然而無一件事不是在爭論中，故結果無一件事不是可疑，我也絕不希望能在哲學中遇著更好的意見。在一個相同的題材中也不知有多少不

---

12 笛卡兒對於古代哲學家很有認識，如斯多噶派笛氏即深受其影響。所謂失望是指「Caton d'Utique」（即為擁護自由而反對凱撒者），所謂凶逆是指Brutus殺凱撒（César）的事。

同的意見，並且這些意見均爲著名學者所支持；雖然這些意見絕不只一個是眞的，但我以爲凡是或然的都是僞的。

至於其他的科學，他們的原則都是由哲學來的，我想人很難爲之建築堅固基礎。榮耀與獲利均不能使我費精神來研究他們，天啊，我從沒有想過來逼迫我自己利用科學增進我的財富；雖然我不像犬儒學派（cynique）輕視一切的榮耀，但是除了虛僞的頭銜以外，我也並不希望能得到什麼榮耀。最後對於那些騙人的學說，我已知道很多，既非一個鍊金術者的諾言、一個星相家的預料、一個魔術家的假冒，更非一個專以假裝不知以爲知的空吹牛者能夠欺騙我的。

這就是爲什麼等到我的年齡剛能離開師保的管束時候，我即立刻完全放棄了這些文字的研究。並且我決計尋找一種在我自己中可以找到的科學，或至少在世界這本大書裡面可以找到的科學，所以我利用我青年還未過去的時間，去遊歷、去參觀宮廷與軍隊，[13]與各種性情與境況不同的人交際，聚集各種不同的經驗，證明在各種困難境遇中我還是一個擁有幸福的人，在一切情形中都使我忘不了已過去的事，所以我能由我的經驗獲得不少利益。因爲在推理中我似乎得著更多的眞理，即與其任一個學者在他的研究中專憑玄想，無一點結果，他離開常識愈遠，他更是覺得一無所得，還不如叫每一個人留心特別關於他自己的事，假使他的判斷要是錯了，就會有問題來懲罰他，因爲一個人如只從事於玄想，假使即證明他是用很多的心靈與才能來做一種不定的東西。我極想區別眞與假，因爲我要明白我的行動信任這種生活。

這是眞的，即當我考慮過別人的風俗習慣，我不能在裡面找到固定的信仰；在這些風俗習慣中我所見到的不同，正如我以前見到哲學家意

13 笛卡兒一六一二年在中學畢業後，在巴黎住四年。後即往荷蘭與德國遊歷。一六一九年在德國入伍為軍士，至一六一九年復返荷蘭，從事其偉大工作。

見的不同。因爲他們的研究使我獲得很多利益，即我知道有許多事雖在我們看來很覺得奇怪與可笑，然而在別的偉大民族中不僅被接受而且讚揚。因此我漸漸脫離錯誤，即迷誤我原來覺察與使我減少聽憑理性的錯誤。但是在我用幾年功夫研究世界這本大書以後，獲得許多經驗，於是我即決心以我自己爲研究的目的，並用全力選擇我所要走的道路。這比我未出國門與未離書本時，在我看來，已有較好的成功。

第二章　方法的主要規則

我曾在德國，因爲戰爭尚未完結，[1]所以我被牽引住了。等到皇帝的加冕禮過了，[2]我即回來加入軍隊，因爲冬天開始來了，遂把我羈留在一個地方，在這個地方既無任何社會的交際來煩擾我，並且更幸福的是也無任何情感與關心的事來擾亂我，所以我能終日獨自關閉在一間小房子裡面，坐在火爐旁邊，從事我自己的思想。在我考慮中的第一件事是一個幾部分合成的工作，並且出自各種不同的人手中，其完全程度當然不及出自一個人的手中所成的工作。例如：一所房子爲一個工程師所計畫的與指揮造成的，一定較利用舊牆加以改造的來得更爲美麗與堅固，因爲舊牆有另外一個目的。又如許多古代的城市，在最初僅爲村落，經過很長的時間，就漸漸變爲大的城市，這種城市的構造，要與由一個工程師按照他自己的思想實行他規則的計畫去建造一個城市相比較，一定差得很遠。並且要將這兩個城市的建築分開來看，爲一個人所

1 指三十年戰爭（La guerre de Trente ans）。

2 即Ferdinand第二的加冕禮，時在一六一九年。

建造的一定比那舊有的表現更多的美麗與精巧，並且那舊有的城市，房屋一定是大大小小，不能齊一，因此街道也一定是彎彎曲曲，毫無規則，所以爲理性引導達於這種布置，與其說是人的意志，不如說是人的機會。假使我們想有幾個警察有時時看守私人住宅的特別職務，以爲公共的裝飾品，我們就可以知道要實行別人的工作能得著滿意是如何困難。因此我想像那些由半野蠻漸漸變成文明的人民，僅因爲他們的犯罪與爭奪的必然結果而形成的法律，絕不能建立一個很好的政府制度，如那些初結合的社會，受謹慎的立法者的影響所設立的。[3]因此亦可以確定受上帝一個人命令而成之眞正宗教的制度一定比由別的多數人所成的好得多了。再說到人事，我相信如斯巴達在古代非常強勝，這並不是因

---

3 笛卡兒這種學說並不是完全無錯誤。由歷史與經驗證明，好的制度不見得就是由一個立法者的頭腦來的。如英國的憲法為許多人所頌揚，但是英國的憲法也是由環境的影響與壓迫漸漸造成的。笛氏此種學說到十八世紀為盧梭（Rousseau）應用到政治上去，即成了大革命。

爲每一個人有完全的道德與健全的法律，在斯巴達還是有許多很奇怪的事，並有許多事是與道德相反，而是因爲這個國家爲個人所結合，並且他們是趨向於一個相同的目的。相同，我以爲在書本中的科學，至少是那些不定的推理與無證明的學問，就是由許多人的不同意見漸漸集合起來的，故不能接近眞理。比較一個普道常識人對於他眼前事物所具有之自然的推理。又我以爲因爲我們在未成人以前都是兒童，又因爲長久均被我們的情慾與師長所管理（這些師長常常彼此互相矛盾，沒有一個人或者能給我們以最好的勸告），所以我們的判斷絕不能如此完全與堅固；假使我們自生下來就能完全應用我們的理性，而只爲理性所引導，那我們的判斷一定不像現在。

誠然，沒有一個城市只是因爲要把房屋另換一種形式，或使街道更爲美觀，即將所有的房屋都拆毀；但是，同時也有許多人因爲要將他們的房屋改造而拆毀他們的舊房屋，並且有時當房屋本身有倒塌的危險，與房基不穩固的時候，勢必要拆毀。由這個例子可以知道有私人主張要改造一個國使之返於正軌，當改變一切，澈底推翻，這似乎沒有什麼理由。將科學全體與學校中所設立之課程加以完全改造，此或亦不可能。但是關於我以前所信仰的一切意見，我想我當努力將他們都完全掃除去，所以這些意見後來或爲較好的意見，或爲相同的意見所代替，直至我使他們合於理性計畫的標準爲止。並且我堅信用此方法能使我的生活更好，比較建築在舊的基礎上，依據我青年時毫未加以思索而承受的原則上。雖然如此做我承認有許多困難，然而同時並不是不能戰勝這種困難，也並不是不能與有關公眾之瑣細事的改革相比較。至於在較大的事件中，當一次奔潰以後就很難使之再恢復起來，或一次完全動搖以後亦難再使之保持原狀，並且他們的奔潰亦極爲猛烈。[4]至於他們所具有的缺點（這在他們當中的複雜性看來，知道在許多情形中，這些缺點一

4　笛卡兒想應用他的方法到國家的政府，但又不願發生革命。不過他已覺得當應用他在思想中找真理的方法到社會上來，換言之，即在科學改造以後，當再來改造國家。

定會存在的），習慣是無疑地能使他們比較減輕，並也能幫助我們免除或無意中改正許多，這許多缺點非先見所能預防。最後，這些缺點比較除去他們的方法還常常更能忍受，這正如在山中的道路，因爲常常有人走，逐漸漸變成平坦的大路，人寧可願走這種路，而不願攀山越嶺去走捷徑。

這就是爲什麼無論如何我不能贊成那些浮躁亂動的精神，他們既不是生來就有，也不能對於管理公共事務有益，但在他們心中常常有新的改革。假使在這本書中要有一點被人疑惑是爲這種愚蠢行爲辯護，那我這本書眞大不應該出版。我的計畫絕沒有超過了想改革我自己的意見，並且建立一個完全是我自己的基礎。假使我的工作能給我以相當滿意，那我此處所表現的草稿，並非想要勸任何人來模仿。那些受上帝特別恩惠的人或者能有更高尚的計畫，但是我很懼怕這種特別的個人將爲多數人太冒險了。只是決心掃除一切以前所承受的意見與信仰，這並不是一個每人都應當跟著學的好例子。世界可以說是由兩種心靈組合成的，但沒有一種能採取這種例子，第一種是那些相信自己是很聰敏的人一定不能免除過急促的判斷，無耐心整理他們的思想使合於正當秩序；所以像這種人要是有自由懷疑他以前所承受的原則，再受歧途的迷惑，那他永遠不能順著必經的大道達到預定的目的，並且他一生必完全徘徊於迷途中。第二種是那些有理性或很謙虛的人，以為他們分辨眞假的能力不及曾經教授過他們的人，那他們應當以服從教授者的意見為滿足，不必再由他們自己當中尋找較好的意見。

至於我自己當然是屬於第二種，假使我從沒有一個教師或者從不知道時時存在於最大學者中的不同的意見。在我於學校讀書的時代，我就聽說沒有東西能想像為這個或那個哲學家所不主張的那樣奇怪與令人幾不能相信，在我旅行的時候，我更承認凡與我們的意見衝突的未必就一定是野蠻的，或者較我們具有更多的理性。一個相同的人，並有相同的精神，如自兒童時即養育在法國或德國，較他一生是在中國或野蠻人中，一定有極大的不同。我也注意到如一個人衣服的樣式在十年前或者爲我們所歡喜，再過十年以後或者我們仍能歡喜，但在現在我們以爲極不合時而且可笑。因此可知影響我們最深的是風俗習慣，而不是任何確定的知識，然而雖如此說，不過多數人的論調對於難發現的眞理不能供給任何價値，因爲這種眞理似乎只可以爲一個人所發現，並非爲大眾所發現。我不能選擇任何人，他們的的意見在我以爲應當有利於別人，而我覺得我是使我自己必須擔任我自己方法的方向。

但是像一個人單獨地走著，在黑暗中走著，我決定是慢慢地走，並用全力注意一切的事體，假使我只向前走了一點點，但我至少能保住不致傾倒。我並不想開始完全掃除在以前鑽入我信仰中的任何意見，未經過理性而介紹進來的意見，直至後來我用了很多的時間再計畫我所要擔任的工作，並尋找眞正的方法能使我的心靈在可能範圍內知道一切的事體。

在我幼年的時候，在哲學一部分中我曾研究過論理學，又在數學、解析幾何與代數中，這三種藝術（或稱之爲科學亦可）對於我的計畫亦有相當幫助。但是對於他們細加考察，我看到在論理學方面，三段論證式與別的一大部分學理，只能解釋了人已知的東西[5]（正如呂勒（Lulle）的藝術[6]說了對於不知道的東西無判斷），不能知道新的東西。雖然論理學含有很多眞的與好的方法，但同時也混雜不少有害的或膚淺的方法，要想將這兩種截然分開頗爲困難，正如一塊未經雕刻的大理石要分出裡面的條紋與脈絡是一樣的困難。至於古代的分析（analyse）與近代的代數，[7]除了他們只是含有最抽象的材料與似乎最無用以

---

5 亞里斯多德（Aristotle）式的論理學只是告訴我們如何由普遍實在推知個別實在，而不能教我們發現新的思想。

6 呂勒（Raymond Lulle）生於Baléares島，在一二三四年，他曾以一種智識的機械方法解決一切的困難。曾以觀念或字代替數目，有些與機械相同的計算，正如在今日所見者相同。這是中古經院學派的勝利；一個人不必用字做遊戲。

7 分析是一個方法，即由一個命題使之達於一個更簡單的命題，不過亦可以用嚴格

外，前者僅以符號的研究爲事，要無很大的想像是很不容易了解的；後者是服從規則與公式，結果造出一種很難明白的藝術，使心靈發生阻礙，代替了培養心靈的科學。因此使我覺得一定要尋找別的方法，這種方法要含有前面所述的三種方法的利益，而免除他們的缺點。有時公律過多反能容罪惡橫行，正如一個國家的法律雖少，苟能嚴格遵守，比多而不能遵守，一定管理好得多。所以我與其採取構造論理學的許多規律，還不如就找出下面的四條規則，假使我有堅固的決心遵守，就是這四條也就很夠了。

第一規則是無論任何事在我未明白認識以前，絕不能承受之爲眞。這就是說，要很小心地免除在判斷中的急促與偏見，只能承受在我們心

的推理使簡單命題再返於原來命題。這種方法是用在數學裡面以解決問題。至於代數亦然，也是用來使一個等號愈簡單，直至達到人能解決此等號為止。（參看 Duhamel 的 *Méthode dans les sciences de raisonnement* 第一部分。）

靈中表現極清楚明白而使我們再不能懷疑的判斷。

第二規則爲將我在很多部分中所有的困難盡量分析開，使能獲得最好的解決。

第三規則爲順著次序引導我們的思想，由最簡單的與最容易認識的事物起始，漸漸達到最複雜的知識，假定在他們當中彼此不是順著一個自然的關係。

第四規則爲在一切情形中統計愈完全愈好，觀察愈普遍愈好，不要遺留一點。

這些推理的長鍊，簡單而且容易，幾何學對此似乎常常是達於最困難的證明，使我想像一切事，能在人認識之下，似乎在相同的形式中彼此都有關係；假使我們不願承受任何事爲眞實——不是如此的眞實，常常保留必然的秩序演繹出結論，由此達於彼，沒有如此之遠不能使人達到，也沒有如此的隱藏不能使人發現。究竟必須是由哪一種事物起始，這在我並沒有什麼困難，因爲我已經知道是由最簡單與最容易知道的事物起始。又研究一切以前在科學中尋求眞理的那些科學家，只有數學家能夠找出些證明，換言之，能夠找出些確定與明白的理性，我不懷疑他們是用此相同的方法去研究，同時我也不希望有任何其他的結果，除非我的心靈爲眞理所滋養已成習慣，對於僞的推理不滿意，但是我毫無意思想了解一切這些特別的科學如與數學有相同的名稱；但是要知道他們的對象雖不同，在這一點是相同的，即他們所研究的只是表現在這些對象中的各種關係或比例，假使我只在他們的普通方面來研究這些比例，我想這是比較好些，而不去觀察他們，在各種對象中，此對象即用來使知識格外容易。在對象上我也一點沒有限制他們，因爲我能將他們用於一切其他的現象。[8]因爲要很小心認識這些比例，有時我必須個別地每

---

8 這種關係的研究，笛卡兒稱之為普遍的數學（mathématique universelle）：這種科

個加以研究，有時我僅須記在心裡，或者將他們聚在一塊；因爲要能詳細研究他們，我想應當是在線的形式中來描寫他們，因爲我再不能找到比這個更簡單與表現在我的印象與感覺中更清楚的方法。但是要能使我記得住他們，或能了解他們的全體，我必須還要藉幾個公式來解釋他們，不過這些公式是愈短愈好。因爲這種目的，所以我必須在解析幾何與代數中借來他們最好的，藉以改正彼此的錯誤。[9]

其實，我敢說我所選擇幾個規條的確切觀察，能使我很容易分辨包括在此二種科學中的一切問題，我用兩、三個月的時間研究他們，由最簡單與最普通的開始，在每一個眞理中我發現有一個規則能用來幫助我尋找別的規則，不僅能使我解決許多我以前認爲很困難的問題，並且最後能使我決定（我雖然還不知道）用什麼方法、在什麼範圍，能夠解決

學的規則可以移轉至一切別的科學，特別是在哲學中。

9 所謂解析幾何（géométrie analytique）就是笛卡兒所要發明的。

他們。假使你不記得在每一個事物中只能發現一個眞理，不論誰，他能成功了，他就是知道最多的眞理，那或者在你就是太無意味了。例如：在兒童中也是相同，兒童學習數學，依照教授的規則去做加法；他一定以爲就要人的心靈能知道之數目的總數他都能知道。總結可以說因爲方法是教我們跟著眞正的秩序，並且一個一個地舉出事物中每一個名詞，加以研究，並包含一切給與數學規則以確定的東西。

但是在這種方法中使我最滿意的是藉此我能充分用我的理性於一切事物，雖不能完全，至少是盡我所有的力量。除此以外，在用了這種方法，我覺得我的心靈漸漸習慣了解事物，格外清楚，格外精確；並且這種方法不限於任何特別事物，我自己承認這種方法也能用來解決別的科學的困難，正如我用之解決代數的困難一樣，並非因此我就敢研究一切表現他們自己的事物，因爲此與「方法」所規定的秩序相反。但是要注意他們的原則都應當來自哲學，[10]雖然在哲學中我不能找到任何的確定，我以爲最要緊還是先在哲學中建立確定。並且我以爲這是世界上最重要的事，又先入之見與偏見是最可怕的，所以在我二十三歲還未達到眞正成熟年齡的時候，我並不想能在哲學中建立這種確定。我並以爲第一，我當用很多時間使我自己預備這種工作，即從我的心靈中掃除我在這個時候以前所承認之一切的錯誤意見，聚集各種經驗供給我後來的推理，並使我自己常常應用我以上所述的方法，可以漸漸幫助我增加力量。

10 在第六章可以看出笛卡兒怎樣證明外界事物的存在。這種證明假定靈魂與上帝的知識。結果除非元學完成，物理是不能開始。

第三章　由這種方法提出的幾個道德規則

最後，這似乎是不夠，即在開始再建造我們所住的房屋以前，把房屋拆毀、預備材料、請工程師（或自己做工程師建築，並很小心地計畫），但是我們仍然需要預備一個別的房屋，使我們在建造自己的房屋時可以安居。相同，我不能使我的行動無所決定，當我的理性強迫我不得不如此判斷的時候，並且我要使我的生活能夠快樂，我當及時爲我自己製造一個道德的規則，這種道德規則僅含有三、四個公理，我將一一敘述之。[1]

第一是服從我們國家的法律與風俗，常常藉上帝的恩惠皈依宗教，此種宗教即在我兒童時被教訓的，依據最中庸的意見使我指揮一切的事

1 笛卡兒此處所述之道德規則，有人或以為並非確定，因為假使看他的信札，知他對於此問題無若何興趣，但是在笛氏給伊麗莎白公主的信中（Lettres de la princesse Elisabeth），可以知道他對此問題的興趣：在道德方面，他似乎特別是接近於斯多噶派（Stoiciens）的思想。

遠離太過的事，此種太過的事常常爲與我們所接觸之最聰明的判斷所實行與接受。我開始視我自己的意見爲一無所有，因爲我想把他們一一加以研究，我曾料定最好是服從靠得住的判斷。雖然在中國人、波斯人中與在我們自己中一樣，也有這種靠得住的判斷，但在我以爲最好是使我的行爲能與我在一塊生活者的思想相合。並且因爲要確定這些是他們的實在意見，我應當遵守他們所做的，不應當遵守他們所說的，不僅因爲在我們腐敗的風俗中，很少有人能願意說他所信仰的，並且因爲多數人自己根本上就不知道他們所信仰的，因爲我們藉思想的動作信仰一件事，與我們知道我們所信仰的不同。[2]彼此沒有關係，這個可以沒有其他一個而單獨存在。在許多相等接受的意見中，我只選擇那最合乎中庸的，因爲中庸的意見最適合於實行，並且或者也是最好的（一切太過都有壞的傾向），並也因爲能少使我受歧途的迷惑，假使我是錯誤了，那

2 笛卡兒對於論信仰的學說很特別，完全是依賴於意志，參看他的 Méditation 第四節。

是我選擇了另一極端。並且我以爲一切事要是太過，反而多少限制了我們的自由。並不是我將這些法律的價値看低了，因爲補救這些微弱靈魂的缺點，法律承認發誓、結合同，藉此強迫我們實行我們要達的目的。雖爲商業的保障，這種允許也能給予，不過這種商業的計畫是完全無關。但是因爲我在世界上設有看見一件事是常常不變的，又因爲特別在我一方面，我要使我的判斷漸漸變好，不要漸漸變壞，我想我要犯一個反對常識的大罪過，因爲我在一時贊成過的事，到後來我仍不能不同樣贊成，除非這件事已不復存在，或者我已不復如以前那樣的重視。

我的第二個公理在我的行動中是格外堅固、格外確定，並且不服從少忠實、多疑惑的意見，假使他們比較是確實無疑，我即將決定他們。在這個情形中，我當服從旅行家的例子，他們覺得他們自己迷失在深樹林中，知道他們不應這邊跑跑、那邊跑跑，也不應當停在一個地方，但是他們應當一直向一個方向繼續走去，不要因爲任何一點理由改變自己方針，雖然這即使是在開始的時候爲唯一的機會能夠決定他們在他們的選擇中。由這種方法，他們雖或不能達到恰好他們所要到的地方，至少他們總能達到一個終點，這比留在樹林中間好得多。生活的行動亦復相同，常常不能允許一點延遲，這是很確定，即當超過我們分辨意見的力量的時候（此種意見載有最眞的眞理），我們應當服從最或然的意見；雖然我們以爲在一個意見中比在另一個意見中沒有較大的或然性，我們至少應當決心服從一個特別的意見，並且以後即視之不能再懷疑在實行的關係中，而視之爲極眞實、極確定，正如理性使我們決定是如此的。所以這種原很能使我脫離煩惱與懊悔，此常常影響心靈，激動那些微弱與搖動者的良心，他們在今日認爲是好的事而實行之，後來又認爲是壞事了。[3]

我的第三個公理是常常要征服我自己，不是征服命運；要改變我的欲望，不是改變世界的秩序，並且大概要使我相信除了我們自己的思想

3 此條道德規則像下一條一樣，或者是受斯多噶派的影響。

以外，沒有一件東西能在我們的能力範圍以內；所以在我們用盡力量注意我們以外的事，壞的結果在我們方面仍絕對不能免除這唯一阻止我希望在將來能有我現在獲得的以外的東西，所以能使我知足。我們的意志自然不能希望任何東西，除非我們的理智能表現有幾分達到的可能，[4]假使我們想一切好的東西，此在我們以外，並在我們的權力以外，我們得不到這些好的東西，一定不覺得懊悔，這正如我們不能具有中國或墨西哥的王位，就覺得這是我們的不滿足。相同，除了需要以外，即無所謂道德，一個人正當有病的時候，絕不想身體強健；正在獄中的時候，絕不想享受種種自由；正如我們現在不希望我們的身體是由碎的金鋼石所做成，或希望能像鳥雀一樣有兩個翅膀能飛。要想一個人能有這種觀點的習慣去看一切事，必須有很長久的練習與常常反覆的默想，我相信

4 依笛卡兒說，意志絕不能與理智分開，我們絕不能對於無任何觀念的東西想要。但我們對於一個觀念不清楚的東西可以要（或可以希望）。故意志不能與理智（或理解）分開，詳細可以看笛氏 Méditation 第四節。

只能由此可以找出這些哲學家的祕密，[5]即他們在古代能夠脫離了命運的領域而自由，或輕視困苦與貧窮，爲他們的快樂與上帝相爭。因爲他們自己不停考慮自然給與他們的限制，他們遂完全相信除了思想以外，沒有任何東西能在他們的權力以內。只有這種信仰能阻止他們不必再希望別的東西了。他們能絕對具有他們的思想，他們就有理由能使他們自己更爲豐富、更爲有力，並且此別人更爲自由、更爲快樂，無論別人受自然或命運如何的恩惠，假使要缺乏這種哲學，絕不能達到他們所要達的目的。

最後，爲結束此道德的規則，我覺得我當對於人在此生活中各種職業加以觀察，以便選擇出最好的。別人的職業如何我不願多嘴，我想我只能說我自己所從事的一種，我用我全部的一生培養我的理性，盡我的能力依照我以上所述的方法增進我對於眞理的知識。自從開始用這種方

5　這些哲學家即是指斯多噶派。

法，我的經驗極爲滿意，我不相信任何弱者或天眞無知者在這生活中能夠尋到這種方法，由這種方法每天可以發現些眞理，在我以爲這些眞理是很重要，雖然他人普通多半不知道。我已有的這種滿意充滿在我的心靈中，其餘的一切一點都不能搖動我。此外，如以上所述的三個公理，其基礎只是建築在這種計畫上面，即我以前爲繼續教訓我自己所形成的計畫。因爲自從上帝給我們每一個人以分辨眞僞的光明，我不相信我應當以承受他人所主張的意見滿足我自己，除非我能考察我自己判斷的應用，在適當的時候研究他們；我也不主張我自己很少脫離以下的意見，雖然我不想不失去機會去找最高的意見，假使這些意見是存在；最後，我更不能限制我的欲望，也不能常常滿足，假使我不跟著一條路，由這條路我想我一定能獲得一切的知識，並且我想我一定也能獲得在我權力以內的一切最好的東西。我們的意志既不強迫我們跟著任何東西，也不強迫我們脫離任何東西，除非我們的理解已表現出這個東西是好或是壞，最好的判斷是產生最好的行爲[6]——這就是說，一切道德與一切其他好的東西都能獲得。當一個人以爲這一點已達到了，他就不會不滿足。

在使我承認這些公理以後，並將他們置於宗教的（或信仰的）眞理的一面（這在我的信條中常常占第一地位），我想這和我其餘別的意見一樣，總算平安地把我自己瞞混過了。因爲我十分希望我的目的能夠成功達到，還是出去與人交際，比一人老是關閉在一間暖房子裡面好得多，雖然在一間小房子裡能讓我思想，所以我不等待冬天完了，我再讓我自己出去旅行。在以後的九年當中，我一點事都沒有做，只是這兒跑跑、那兒跑跑，在這個世界所演的戲劇中，與其說我是一個演戲的人，還不及說我是一個看戲的人。特別是想到每一件使我懷疑的事體，並給

6 這一點笛卡兒與蘇格拉底（Socrate）及柏拉圖（Plato）均相同，因為他們亦主張「道德即知識」。

我以思想錯誤的機會，所以我能在我的心靈中掘出以前所承受的一切過錯。這兒千萬不能誤會，我並不是模仿懷疑論者，[7]他們是爲懷疑而懷疑，所以他們自命往往是不確定；至於我的計畫剛好相反，我的懷疑是爲使我能得好的確定理由，我不要沙土，爲的是要尋找泥石。在這種工作中，我似乎有很好的成功，因爲我想發現我所研究命題的錯誤或不確定，不是藉無力的猜想，而是藉清楚與確定的推理，我沒有遇見如此可疑的東西，即我不能由此抽出確定的結論，假使這僅是推理，那將不能含有一點確定。正如拆去舊的房屋，我們多半保存剩下的斷瓦殘磚，爲建造另一個房屋之用，所以我掃除這些我認爲根基不好的意見，由我的許多觀察與經驗，再用來建造更確定的意見。不僅乎此，我並繼續練習設立爲我用的方法；除了我很小心依照公理引導我一切的思想以外，我並留些時間時時依照我的方法使我自己解決數學的問題，或者解決屬於

7 此處極為重要，有人以為笛卡兒為懷疑論者，此為極大錯誤，其實笛氏係以懷疑為方法，而達其不懷疑之目的，故此處所言為笛氏學說之真正態度。

別的科學的其他問題，我能使之與數學問題相同，使之與別的科學（我以爲這些科學不十分穩固）的一切原則分開。你可以在這本書[8]中所陳述的許多例子看出來他們的結果。所以表面上生活沒有什麼比這些人不同，他們除了在平靜與天眞中消磨他們的生活以外，沒有別的職務，把快樂與罪惡分開，並且他們因爲享受他們的閒暇，用他們一切好的與天眞的消遣，我不能停止實行我的計畫，或者對於我眞理的研究更有益，假使我只是讀書或與文人相交際。

這九年的光陰就是如此度過去了，對於學者所爭論的困難我未能參與任何確定的一部分，或者開始尋找任何較普通更確定的哲學基礎。有許多具有最好智慧的人在我以前已試過這樣相同的工作，但在我看來，他們都沒有成功，因此使我想像這種工作是很難，幾乎令我不敢擔任，假使不是我發現到處有人說我已經達到這種工作的目的。我不能告訴他

[8] *Dioptrique, Météores* 與 *Géométrie* 在出版時曾與《方法論》為一本書。

們根據什麼，有這種意見；假使在我的談論中能稍有貢獻，這也是因為我自己懺悔無知反而較那些自己認為有點研究的得到益處。或者也因為我能使我的理性懷疑許多他人認為確定的東西，並且也未曾誇口過任何哲學的系統。但是我有一個誠實的心靈不願獲得意外的誇獎，所以我想當我在我的能力以內用種種方法，不辜負我所獲得的名譽。整整八年過去了，我有一種願望要使我自己決心遠離一切能有交際的地方，去退隱到一個像這樣安靜的地方，[9]在這個地方經過一個很長久的戰爭，立定了如此的秩序，即在那兒維持的軍隊僅是用來使居民在最安定的狀態下享受和平的效果；在這個地方，我雖在一個極活動人民的群眾中，他們多半只顧他們自己的事，很少對於別人的事有好奇心，並且不少有最繁華城市的便利，我仍然是過著寂寞的生活，好像退隱在最遠的沙漠中。

9 笛卡兒在一六二九年退隱於荷蘭。

第四章　理性證明上帝與人類靈魂的存在或元學的基礎

我不知道我應當怎樣告訴你我在那兒所做的第一次的默想，這些默想是太玄妙與大異常，或者不能使人人相信。然而同時爲使人能判斷我所建立的基礎是否穩固，所以我覺得我自己對於他們必須有相當的陳述。在一個很長的時候，我即注意到有時在公共的生活中大家所遵從的意見，他們認爲最無可疑的，而實際上是最不確定的，如我在以上所說的。[1]但是因爲在這種情形中，我想要自己完全去求眞理，必須要自相反的方面下手，要把我想像中認爲無可疑的東西，都絕對加以拒絕，視覺完全不眞實的東西，而後再看在我的信仰中所遺留下來的東西是不是完全確定。因爲感覺有時會欺騙我們，所以我想假定由感覺引起我們想像的東西不是像他們原來的一樣，又因爲有許多人在他們的推理中欺騙他們自己而墮入於謬論中，雖關於幾何學中最簡單的事也是如此，並說我之陷於錯誤與任何他人相同，所以我把我以前承受的一切理性都視爲非眞實的。還有一切相同的思想與概念，在我們醒的時候有，在我們

1　參看第三章論道德的公理。

睡了做夢的時候也可以有，但他們無論在醒的時候或做夢的時候都不是眞的，因此我承認凡進入我心靈中一切的事體都不見得比我夢中的幻像爲眞。[2]但以後我立即注意到當我想一切事都不是眞實的時候，這個我想的「我」總應當是眞實的，並且我注意到這個眞理，即「我思故我在」[3]是如此確實，凡一切懷疑論者所用之最厲害的假設都不能搖動這個眞理，故最後我毫無遲疑地即承受這個眞理爲我所求的哲學的第一原則。

要詳細研究我是什麼，我想我能夠知道我是沒有身體，並且沒有世界也沒有地方，我是在那兒；但是不能因此就不能知道我。相反，由這種事實，即我想懷疑別的事物的眞理，就很能明白地與確定地說我是存在；反過來說，假使我停止思想，即使我曾想像過其他的一切都實在存

---

2 在《靜思論》第一中，笛卡兒曾詳細發揮此意。

3 此句之拉丁原文為「Cogito ergo sum」。

在，但我沒有理由想我是存在。從我知道我是一個本質，這個本質的完全性質是思想，[4]並且我的存在無需任何空間，也不依賴於任何物質的東西；所以這個「我」，換言之，即我之所以爲我的這個靈魂，是完全與身體不同，並且靈魂比身體更容易知道；[5]雖然假使身體是沒有了，靈魂將仍不失其爲靈魂。

在這個以後，我應討論在一個命題中怎樣是眞實、是確定，因爲我已發現了我知道這樣一個東西，我想我也應當知道這個確定所包含的是什麼。所謂「我思故我在」這句話不能就使我們有一個眞實的確定，除非能清楚明白知道思想必是存在，所以不能不到了這個結論，即按照通例，凡是我們能清楚明白知道的都是眞實的——然而，記住要確定我們

4 笛卡兒區別「思」與「積」為兩個極端的不同，這是很可注意的，因為這是他的系統中的一個重要點。

5 說靈魂比身體容易知道，可以參看《靜思論》第二。

清楚明白的知，尚有多少困難。[6]

由此再對於我疑的事實加以反省，結果，我的存在並不是十分完全（因爲我明白知比疑固然更完全），所以我決心再研究從何處我能思想較我更完全的東西；我明白承認這種概念一定是在實際上更完全的自然之前。至於在我以外，我還有別的許多東西的思想，如天、地、光、熱，以及千千萬萬別的東西，要知他們是從何處來的，這倒沒有很多的困難，因爲在他們當中似乎沒有東西能使他們超過我，我相信假使他們是眞實的，他們是依賴於我的性質，只要是這種性質具有相當的完全；假使他們不是眞實的，那我即認他們爲沒有，換言之，即他們在我中，因爲在我的性質中缺乏有些東西。但是這不能應用到比我自己更完全的

6 此處笛卡兒用清楚明白（distinctement）這個字，而不用證據或證明（L'évidence）這個字，因為證據這個字笛氏專為純粹智識的或元學的用，一點沒有感覺的或物理的意思。

一個存在的觀念上，因爲視此觀念爲沒有顯然是不可能；並且要說較多的完全是由於較少的完全的結果而來，與依賴於較少的完全，這正如說有些東西是在「沒有」以前就有的是一樣矛盾可笑，要認爲解釋我自己這也同樣不可能。由此說來，在我當中的自然實在比我自己更爲完全，並且這種自然在其本身內更有十分的完全，幾乎使我不能有一個觀念來形容，眞正要用一個字說出，即是所謂上帝。[7]自從我知道有些完全爲我所不能具有，所以我在存在中不是唯一的東西（我在這兒隨便用了中古經院派的名詞）；但是必須有一個更完全的東西爲我所依靠，或者由此我能獲得我所有的。假使我只是單獨的存在，與任何人不生關係，所以我自己應當有存在的一切完全，雖然我參加在這個完全裡面只有很小的範圍，因爲相同的理由，我應當能有我缺乏的一切其餘的東西。因此我自己應當是無限、永久、不變、全知、全能，並且，最後我應當有上帝所有的一切完全。因爲要追求我剛才所行的推理，因爲要就我的性質

[7] 上帝的存在在《靜思論》第三中有比此處更詳細的證明。

的能力範圍以內知道上帝，我只有考慮這一切的事體，在我自己中我尋出這一切事體的觀念，不論這個完全是否具有他們。我承認他們當中指示不完全的沒有一個是在上帝裡面，但是一切別是表現；我知道懷疑、無常、瘋狂以及與此相等的東西都是不能在上帝裡面，我自是歡喜沒有他們。除此以外，我還有許多感覺的與形體的觀念，雖然假定我是在夢中，我所見的或想像的都是假的，同時我不能否認這些觀念實在是在我的思想中。但是因爲我在我自己很清楚認識智識的性質與身體的性質不同，並知道一切的組織都有互相依賴的證明，這種依賴顯然是不完全，故我的結論是假使在上帝中是由這兩種性質組織成的，那是不完全，所以上帝不是由此兩種性質組織成的。然而，假使在世界中有任何體，或有任何智慧，或別的不完全的性質，他們的存在一定要依靠於上帝的權力，換言之，要沒有上帝，他們一刻都不能存在。

在此以後，我還想再尋找別的眞理，我把幾何學家的對象放在我的前面，我認此對象爲繼續的體，或爲在長度或深度上擴展至無限的空間，此可以分成許多不同的部分，並可以有許多不同的形式或大小，並可以用種種方法移動或轉移他們（因爲凡此一切幾何學家均假定爲他們思想的對象），我曾經過他們幾個最簡單的證明，並注意到每人對於這些證明所貢獻的最大確定，唯一根據於他們認爲清楚的事實，按照我上面所建立的規則，我並注意到在他們當中沒有一件事能使我承認他們對象的存在。例如：假使我假定一個三角形，三角之和一定等於兩個直角，但是沒有任何理由要使我承認一定有這樣一個三角形存在，並且相反，再復返回來研究我有一個完全存在的觀念，我覺得在這種情形中，存在包含於這種觀念中，正如三角之和等於二直角是包含在一個三角形中是相同；或者在一個平面圓形的觀念中，在平面上各點與其中心點均爲等距離包含在內，是與上面所說一樣的，或者更爲清楚。故結果我們至少可以確定具有完全存在的上帝，他的存在，正如幾何證明的清楚明白是相同的。

使許多人覺得他們自己很難知道眞理，甚至於很難知道他們自己靈魂的性質，這是因爲他們從沒有將他們的心靈提起在感覺的事物之上，並且他們不習慣考慮任何事體，只是想像事體，這是思想的一種形式，特別適合於物質事物，凡是一切對於他們不能想像的東西，似乎在他們都是不能了解。這是很明顯的事實，即在中古經院學派中哲學家可都持此爲一種公理，即沒有東西在知識了解中的不是先在感覺中的，上帝與靈魂的觀念當然無疑絕不在這裡面。在我以爲那些想用想像來了解這些觀念的人，他們正如想用眼睛來聽聲音或嗅味道一樣，除非有這種區別，即視覺較嗅覺或聽覺對於其對象的眞理不能給吾人以較少的確定，既非我們想像，亦非我們感覺能使我們確定任何東西，假使沒有我們智識的干涉。

假使仍有任何人他們還不能使他們自己相信上帝與他們靈魂的存在，他們憑藉的理由我在上面已說過了，我想他們應當知道一切別的東西他們或者以爲是更確定的（如具有一個身體，有星、地球等等），實際上恐怕更不確定。雖然我們對於這些事有一個道德的確定，[8]我們如再懷疑他們固然未免太過，然而同時沒有一個人（除非他缺乏理性）能否認（當一個元學的確定是在問題中的時候）我們有一個很充足的原因說我們沒有完全的確定，由這種事實更可以證明，當睡眠的時候，我們同樣想像出我們有另外一個身體，我們看見另外別的星與別的地球，雖然實際上沒有任何東西。因此有一個問題，即我們如何知道在夢中的思想比在醒的時候的思想愈不眞實？並且常常知道前者的思想並不是比後者的思想更少活躍。雖然最聰敏的心靈研究物質能如他所願，然而我不相信他們能有很充足的理由，除去這種疑問，除非他們假定上帝的存在因爲第一即我剛才所建立的規則，所謂我們對於一切事要能很清楚明白地知道這些事就是眞實的，只有因爲上帝是存在，這些事才是確定的，上帝是一個完全的存在，在我們當中的一切都是由上帝而來。由此可以

8 笛卡兒曾分道德確定與元學確定為二，前者是規定我們的風俗習慣；後者是訴說任何思想是不可能，除非我們對於此事加以判斷。

知道我們的觀念凡是清楚明白的，即是來自上帝之實在事物的觀念，並且也只有清楚明白的觀念才是眞的。所以我們雖有許多觀念是僞的，但他們之所以爲僞即因爲他們是混雜不清的，因爲他是屬於消極的（或沒有），換言之，這些觀念在我們當中所以是混雜不清的，只因爲我們是不完全。這是很明白的，即由上帝而來之錯誤或不完全的觀念，其可憎並不減於由沒有（或消極）而來之眞實或完全的觀念。但是假使我們不知道在我們當中一切的實在與眞理是來自一個完全與無限的存在，無論我們的觀念是如何清楚明白，我們沒有任何理由使我們自己承認他們有眞實的完全。

但是在上帝與靈魂的知識使我們確定這種規則以後，這是很容易明白我們在睡眠中所想像的夢，絕不能使我們對於在醒時之思想的眞理有一點懷疑。[9]雖在夢中我們也能有像幾何學家發現新證明一樣很清楚

---

[9] 關於夢與醒時的詳細區別可以參看《靜思論》第六。

的觀念，所以睡眠的事實有時並不與眞理相矛盾。至於在我們夢中所有最普通的錯誤（夢常含有各種事物的表現，正如外面感覺所表現的一樣），並不能給我們對於這些觀念的眞理有懷疑的機會，因爲我們雖不在夢中也能常常受騙，正如那些有黃疸病的人看見東西都是黃的，又如天上各種星體因爲很遠，所以我們看見的比他們原來的不知小多少。最後，不論我們是醒著或是睡著，除了我們的理性的證據以外，絕不能讓我們自己信服。一定要注意，我所謂理性並非我們的想像，也非我們的感覺；正如我們看見太陽很清楚，但不能因此我們即判斷說太陽的大小即如我們所看見的一樣；同樣，我們也可以很清楚地想像一個獅子頭長在一隻羊的身上，但不一定說這個東西就存在。因爲理性不能主張凡是我們看見的或是想像的都即是眞理，不過這是很清楚地告訴我們一切的觀念必須有些眞理的基礎。否則爲一切完全與眞理的上帝不能將這些觀念放在我們當中。因爲在睡的時候與在醒的時候一樣，我們的推理絕不是如此明白，也不是如此完全，雖然我們的想像有時是極活躍、極精確，或者更不止此，理性告訴我們說我們的思想不能完全眞實，因爲我們不是十分完全的，我們思想所有的眞理在醒的經驗中是不錯誤些，比較在睡的經驗中。

第五章　物理問題的次序

我現在很願意表現出眞理的完全線索，即我在以前引申而來的線索，但是要談到此種眞理的線索，必須說到學者中所爭論的許多事體，我不願意因他們來擾亂我自己，所以我想仍是暫守緘默爲佳。[1]我只大概說一說這些眞理是什麼，因爲要讓那些最聰敏的人去判斷，再詳細說出他們是否對於公眾有用。我仍時時堅持我以前的決定，除了我用來證明上帝與靈魂的原則以外，我沒有假定任何別的原則；除了像幾何學家以前所有的證明一樣清楚明白以外，我不承認任何事是眞實的。然而，我敢說不僅我能在哲學中常常討論的一切主要困難裡面獲得短時間滿意的方法，並且我也遵守上帝在自然中所建立之一定的公律，並由此上帝在我們的心靈中印下這種觀念，[2]即在詳細思想事物以後，我們不能懷

---

1 自伽利略（Galillé）因主地動而受罰，故笛氏討論這個問題的書名「Traité du monde ou de la lumière」（此章僅為此書之節本），直至笛氏死後才出版。

2 我們一定要注意笛卡兒的這種物理學，在我們今日要想認識世界，只要明白事實；笛氏則相反，以為此與內在觀念有關係。此為來自幾何學之「理性的方

疑在一切存在中或世界中所精確觀察的事物。並且進一步我考慮了這些公律的結果，我似乎發現了許多比我以前所知道或希望知道的，更有用與更重要的眞理。

但是因爲我想在一本書中[3]解釋這些眞理最重要的地方，因爲種種考慮阻止我出版此書，現在爲使人能知道他們，所以我只得在此處將此書所含有的做一個簡單的節要。在我開始寫此書以前，我曾計畫把我自己所知道關於物質事物的性質完全包括在裡面，然而正如一個畫家在一個平面的畫上不能把一個立體的各方面都表現出來，只能選擇一部分最重要的，使之成爲陽的一面，其餘成爲陰的一面，使人能由前者看出後者，所以我怕不能把在我心中的一切都放在我的這本書裡面，我只能將我的關於光學的概念完全陳述出來。後來當有機會了，我決心再討論太

法」。

3 此書即指笛氏的Traité du monde。

陽與恆星，因爲光幾乎完全由它們來的；又討論天體，因爲它們能傳達光；又討論行星、彗星與地球，因爲它們能反射光；並特別討論地球上的一切物體，因爲它們或有色，或透明，或發光；最後，我討論人，因爲人是一切的旁觀者。因爲要想將這些一切論點放在陰的一面，能使我自由發表他們，[4]不必一定要採取或排斥一切學者所承受的意見，我決計將這個世界的一切留給他們爭論，只說一個新世界所發生的一切。假使上帝現在創造這個新的世界，在一個想像的空間中，物質很能造成這個空間，假使上帝沒有一點次序亂動這種物質的各部分，故結果成了一個混亂的世界，如詩人所杜撰的一樣，故最後他的工作在平常方法中僅賴與自然的和合，使自然依照他（上帝）所建立的公律而動作。所以，開始我描寫這種物質，並想在這種方法中來表現這種物質，即在我

---

4 這兒可以知笛氏的謹慎與他所用的手段。將歷史的觀點置之旁邊，而代以科學的觀點：不論這件事在過去是如何，只指明這件事在將來能如何。

以爲在世界中沒有東西再比這更清楚或更易了解，[5]除了我剛才所說的上帝與靈魂。並且我進而承認在這個世界中沒有中古世代經院學派所爭論的形式或性質，[6]也沒有任何對於心靈不適合的知識，使人能假裝不知道。我再指明什麼是自然律；將我的理性不根據於任何原則，除了上帝的無限完全，我想證明人能疑惑的一切，並告訴他們是這一種性質，雖上帝另造別的世界，但他不能創造任何爲自然律所不能觀察的世界。在此以後，我當告訴如何由這種混亂所構成的一大部分的物質，必須依照這些公律使其自己排列成與我們天體相同的形式；如何同時這物質的一部分一定形成一個地球、行星、彗星、太陽與恆星等等。擴大光的題目，我在此處詳細解釋光的性質，此可以在太陽與星中尋到，並解釋

5　這種物質就是積（或擴張），並非由我們的感覺能認識，而是由我們內在觀念而認識，故極清楚明白。

6　中古經院派的哲學家把形式看作極神祕的東西，是用來決定物質的：例如：我們先有石頭的形式而後才有石頭。笛氏的解釋較這種學說是更科學了。

光如何由一瞬間經過天體的無限空間，光如何由行星與彗星反射到地球上。此外我還論到許多事，如本質、位置、運動，以及這些天體與星的一切不同性質，所以我想我已經說得很清楚，在屬於我們這個系統的天體與星中沒有東西能夠看見，這一定不與（或至少可以不與）在我所描述的系統中的那些天體與星相同。由這點我特別要說到地球，雖然我曾假定上帝沒有放任何重量在物質中——組成地球的物質，但我將告訴如何地球的各部分能吸引到地球的中心；在地球面上的空氣與水，天體與星的排列，特別是月亮，如何一定引起海潮的起落，此與在我們的海洋中所觀察的是相同，此外如水與空氣一定是自東往西流，此在回歸線中亦可以看到。我也告訴在地球中的江海山泉是如何由自然形成的；金屬如何來到礦物的裡面，植物如何生長在田野間；總之，一切混合體或化合體是如何起來的。因爲我知道除了火以外沒有東西能生光，除了星以外在別的事物中我將光的性質研究得很清楚，光是如何形成的、是如何滋養的，有時如何只有熱而無光，又有時只有光而無熱；我也可以告訴如何各種不同的性質與體由光生出不同的顏色，又如何在這些體中有些是液體、有些是固體，又如何一切東西都能化成灰與煙，最後這些灰又如何因緊縮作用變成透明的光片。因爲由灰變成光片，在我認爲與自然中別的變化一樣驚奇，所以我特別喜歡敘述這種變化。

同時我不願意由這些事實推論這個世界的創造就與我所描寫的世界相同：因爲這是很可能，即在開始的時候上帝即使世界是像這樣的。但是這是確定的，即神學家都一致承認他（上帝）現在保存世界的動作正如他（上帝）以前創造這個世界的動作。在這種情形中，雖然上帝在開始的時候只給這個世界以混亂，但是自然律一成立以後，上帝即憑藉他的幫助使自然循著其自己的習慣而活動。我們不要爲創造的神話所惑，十分相信只由這種方法，一切純粹物質的東西經過很長的時期即漸漸變成像我們現在所看見的一樣；當我們看他們是漸漸成的時候，他們的性質就更容易了解，較看他們在開始的時候就是完全無缺。

在我敘述無生物與植物以後，我進而討論動物，特別是討論人。

但是因爲我的知識還不能夠使我能說人與說別的其餘的東西一樣，換言之，不能由原因證明結果，不能使人知道怎樣開始與什麼情形自然應當產生他們。我只得暫以假定上帝造成完全像我們一樣的人的身體爲滿足，在外形的四肢正如內部有機的組織相同，除了我以上所述的物質不用任何其他別的物質，在開始也沒置入任何理性的靈魂，也沒有任何別的東西如用來爲生長或感覺的靈魂，除非上帝在人心裡點著了無光的火，如我以前所說的，這與把乾草燒著了，在草乾以前封閉著，我尋不出有什麼區別，這與新酒能起泡，而讓酒在果子裡面去發酵是一樣。因爲我研究在這個身體中與此假定相符合的作用，我覺得我能找到一切存在於我們當中除了我們思想的能力，換言之，即結果沒有我們的靈魂，即我們這一部分與身體不同，即如剛才所說這一部分的性質是思想，在動物身體中沒有理性，故在動物身體中的作用可以說與我們自己的身體作用是相同。在這些作用中我不能尋出任何作用（依靠思想）只是屬於我們的，因爲我們是人；但當上帝給人以理性的靈魂，並在一種特別方法中他（上帝）把這種靈魂與身體相連結，而後我才知道他們的一切。

但是因爲要使人知道我如何討論此事體，我想在此處開始解釋心與血脈的運動，此爲最初與最普通的運動，在動物中可以觀察到，可以給我們很容易的方法來判斷我們應當怎樣想其餘的一切。因爲要使人了解我說的這些事實少些困難，我應當像沒有研究過解剖學的人，在未讀解剖學以前先將有些哺乳動物的心切開放在他們眼前（因爲這是與人的心完全一樣），並證明在心的裡面有兩個心房。第一個心房是在右邊，在這個心房裡面有兩條大的管子，即所謂心室，這是主要收藏血的地方，這好像樹幹一樣，在身體中其餘別的血管就是樹枝；又有血管名動脈血管，這個名稱實在不好，只是因爲這是一個跳動的血管，這個血管以心爲來源，由心流出後即分出許多支脈，再分出流於全體的肺部。第二個心房是在左邊，在這個心房裡面也有兩條管子，這兩條管子比前面所說的兩條或者更大些，這就是靜脈血管，這個名稱也不好，只是因爲這個血管是來自肺，並分成許多支脈，與動脈血管互相錯綜，又有所謂氣管，即是我們經過此管呼吸空氣的，也與這些血管相連；還有所謂大動脈是來自心裡面，分布其分支於全身體。我仍願小心說此外尚有十一個小薄膜，像很多的門一樣，可以開關在兩個心房中的四條血管。有三個是在心室的進口，他們安排得很好，一點不會阻止血管中所含的血流入到右心房，而能恰好阻止血往外流。又有三個在動脈血管的進口，這三個薄膜的安排又另是一樣，使血能由此管進肺裡面去，但不能使已在肺裡面的血，再回到此動脈血管中。此外還有兩個在靜脈血管的進口，這是使肺裡面的血流人左心房，而不使血再回流；還有三個在大動脈的進口，這是使血由心裡流出去而不使之再回來。爲什麼薄膜的數目恰好是十一個，這並沒有什麼別的理由，除了因爲靜脈血管的開口是橢圓形的，所以只需兩個就夠關閉好，其餘別的血管都是圓形的，所以需三個才能關閉好。我進一步要讀者知道大動脈與動脈較靜脈與心室血管更爲堅硬；後面兩個血管在進入心以前就擴張開，形成兩個口袋的形式，即稱之爲心耳，心耳的構造在筋肉上與血管相同；又在心裡面較身體任何別的部分爲熱；最後，這種熱能使到腔內的一點一滴的血膨脹，正如普通的液體滴在熱的瓶子裡面一樣。

在此以後，我想無須再說什麼來解釋心的運動，除非當心腔內血不充滿的時候，由心室血管中流入右腔，與靜脈血管中流入左腔，流入的血常常充滿了這兩個腔，滿到使血入於心臟的口門都不能關閉。但是當兩路的血各流入於心的左右腔，這些血都膨脹得很大，因爲它們流進去的口門很寬，他們所由來的血管充滿了血，又因爲心裡面有熱，所以這些血一流到心裡面就變稀薄並且膨脹。因此使全心都發生膨脹，這些血就向前走動，並將兩個血管中的五個小門都關閉，以阻止更多的血流入到心臟裡面去；它們就漸漸變稀薄，衝開另外兩個血管中的六個小門，因此引起動脈與大動脈膨脹，這種膨脹與心的膨脹幾乎是同時的。血一流到大動脈與動脈裡以後，立即就收縮了，因爲血進了血管就變冷了；六個小門又再關閉，靜脈與心室血管的五個小門又再開，又輸入別的血到心臟裡面，使心臟與動脈再膨脹，如此循環不已。因爲入心臟的血經過兩個所謂心耳，所以心耳的運動典心臟的運動相反，當心臟膨脹的時候，心耳是收縮。因爲那些不知道數學證明力量的人，並且不習慣區別眞實的理性與僅爲或然的理性的人，他們就不當否認無研究的話，我想使他們認識這種事實，即我剛才所解釋的這種運動，由機體的性質說這是必然有的，這在心中我們可以用肉眼看見，至於熱度我們可以用手指感覺到，至於血的性質我們也可以由經驗知道，這正如鐘錶之均衡與車輪的形式，情境與力量相同。

但是我們要問，血如此繼續不斷流到心臟裡面，如何無流盡的一天，又血管如何不過於充滿血，因爲流到心裡面的血都要經過血管，我現在只藉一個英國醫生[7]的話來回答，他在這方面的功績實在是不小，並且他是第一個告訴我們在血管的終端有許多小管子的人，由此它們一方面可以接受心裡來的血，一方面可以輸送到血管的各分支裡面去，而後再回到心臟裡面，因此血液的流動是永遠循環不斷的。他用外科醫生的普通經驗證明這種血液循環是很清楚的，例如：他們將臂膀不鬆不緊地捆紮起來，在捆紮的下面把血管割開，這時候血流的比沒有捆紮的時

7 此醫學家即指哈維（Harvey），他在一六二九年發現血液循環。

候一定更多；然而要是在捆紮的上面將血管割開，或捆紮得太緊，這時候結果則適得其反。因爲這是很清楚的，即當捆紮不鬆不緊的時候，雖然能阻止血（已在手臂血管中）由靜脈血管再回到心臟，但是不能阻止由心臟再出來的血，因爲這是動脈血管而位於靜脈血管之下，且血管壁很堅強，不容易被壓；並且心臟的血由動脈流出到手臂的力量，比手臂的血由靜脈回到心臟大得多。因爲這種血係由手臂上靜脈的割口流出，所以在捆紮的底下必須仍有血經過，換言之，即有血流過達於手臂的終端，血由動脈經過此而達於彼端。這個醫學家又清楚證明這個眞理，即他所說的血的道路，有許多小的薄膜順著血道布置在各種不同的地方，這些薄膜不允許血經過身體的中間而達於極端，而僅允許血由極端回到心裡面；並且由試驗可以證明在身體中一切的血，在很短的時間藉一個簡單的動脈管由身體中出來，如這個動脈管已被割斷，雖靠近心的地方捆紮很緊，並且將在心臟與捆紮間割斷，但血仍然流出，所以沒有任何理由假定說由心臟流出的血流到任何別的地方，但不流入於心臟。

但是還有許多別的事證明血的運動的眞正原因是如我以上所說的。第一，由靜脈與由動脈流出的血之區別可以由這種事實看出，即變稀薄與所謂滴入心中，在血剛離開心臟以後（即當在動脈管中的時候）比在血剛進心臟以前（即在靜脈管中）更爲活躍、更爲溫暖。假使我們一加注意，即知此種區別並不是十分明白，除非是在心的近處，離開心臟較遠的那些部分，這種區別就不很明顯。其次，動脈管與大動脈管組成的堅固壁壘，很足以表示血衝動這兩個管子的力量比在靜脈管中爲大。爲什麼心臟的左腔與大動脈管比右腔與動脈管大而且寬，假使不是經過心臟，僅在肺裡面的靜脈血管比剛在心室流出的血更爲活躍、更易稀薄。在驗脈搏的時候醫生發現的是什麼？除非他依照血液變化的性質能知道血液因心臟的熱多少變稀薄了、多少比以前更快了？現在假使我們要問這種熱如何流通到別的部分去，如身體的四肢，不是一定要承認這是因爲血的關係，血經過心臟受了熱後再將之傳播於全身體？在身體的任何部分要將血流盡了，同時那一部分的熱也將消滅了；雖然心像燒紅的鐵一樣地熱，但也不能使手與足如實際這樣的熱，除非心能繼續不斷供給手足以新的血。我們進一步可以了解呼吸的眞正用處，即能使新鮮空氣進入肺，將由心的右腔來到肺裡面的血，即已經變成稀薄，所謂變成蒸汽的血，再使之成爲濃厚的，使之在未入心的右腔以前變成血，不經此種步驟，血即不適宜變成火的燃料。由這種情形我們也能證明，即沒有肺的動物在牠的心中也有一個腔，並且如在母親胎中的嬰兒尚無呼吸作用，但是血仍能由心室而流入心的左腔，其道路只是由動脈血管而入大動脈，不再經過肺。假使心不由動脈管輸送熱到胃裡面，不輸入血中的流質至胃中幫助消化已在胃中的食物，那胃如何能有消化作用？假使我們研究血滴入心裡每天不止一、二百次，那由食物的汁變成血的動作不是容易了解了嗎？假使我們能說已變稀薄的血能有力量經過心臟而達於動脈的極端，使有些血在他們所歡喜的地方即存留在那兒，在他們所不歡喜的地方即流開了；假使我們能說依照小毛孔的情境或形式或小的樣子（這是他們遇到的），所以有的血只是流到某一部分，而不流到別的部分，正如各種不同的篩子能分出許多不同的穀，那還再需要什麼來解釋滋養的方法與在身體中各種不同脾氣的產生？最後，在這一切中最使人注意的是動物精神的發生，這好像一種很刁怪的風，或者好像一種很純潔、很活躍的火焰，這種火焰繼續不斷由心到腦筋，再由神經達於筋肉，因此給四肢以運動的力量。不必再假定任何別的原因來解釋最活動、最能鑽的血是如何最適宜構造這種精神，只是到腦筋裡面去，而不到別的地方去，動脈由心輸送血到腦筋是一條最直接的線，並且依照機械律，此與自然相等，當許多東西趨向於一相同點的時候，在這兒沒有地方能全體容納的時候（如血的分子由心的左腔流出，並都趨向於腦筋），只有最弱與最不活動的一部分爲較強的所驅逐，最後只是較強的一部分達到目的。

這一切事體在我的宇宙論（Traité du monde，見本章第一段註一）中曾詳細解釋過，此書我以前預備想出版的。以後我在那兒表示過人的身體的神經與筋肉的構造，在這裡面包含的動物精神能有力量運動四肢，正如動物的頭，在砍去以後一刻功夫，仍可以動並能嚙地，雖然頭已不是活的了；在腦筋中引起醒、睡眠與夢的必然變了；屬於外界物體的光、聲、嗅、味、熱，以及一切別的性質如何能藉感覺的介紹在腦筋上印有各種的觀念；餓、渴以及一切別的內部情感如何能傳達其印象到腦筋；應當注意所謂「常識」，這些觀念即由此而被接受，保留這些觀念的記憶是什麼意義，還有在各種不同方法中能改變觀念，使他們成爲新的觀念的想像也是什麼意義，又同樣想像分散動物精神於筋肉，能引起身體的各部分做種種不同的運動，能使他們適合於表現在感覺上的外物，並適合於身體內部的情感，雖無意志爲之指揮我們也能運動。此在這些人一點不以爲異，即他們知道能由人力做成各種不同的機械運動，如與在每一個動物身體中的許多骨頭、筋肉、神經、動脈、靜脈相比較，除了很少的一部分外，多半是與人造的機器作用相同。身體既被視爲一機器，不過這個機器由上帝手中造出，就造得很巧妙，各部分都安排很好，並且在身體本身內還有很令人驚奇的運動，較人能發明的任何機器更爲巧妙。此處我特別不願意說出假使有這樣一種機器，具有一個猴子與別種無理性的動物的外形與組織，我們沒有任何方法來確定這些機器不能與這些動物有相同的性質。在另一方面，假使有機會能與我們身體有相同的形式，並能模仿我們的行為，我們可以有兩個很確定的標準，由此承認他們無論如何不是眞實的人。第一是他們絕不能用語言或他種符號像我們人一樣，把我們的思想記下為別人的方便。我們當然明白一個機器也能構造得會說話，並且對於一種行為甚至於也能反應，能使在其組織中發生變化；例如：這種機器在一特別部分被觸動，就能回答我們對於這種機器所要說的話；假使要觸動另一部分，機器就能解釋其被傷害的等等。但是機器絕不能有很複雜的語言來恰好回答一切表現的事體，然而這種就是最低等的人都能夠回答。第二種區別是，雖然機器能實行某種事，甚至於比人做的都好，它們也能毫無錯誤地除去別的，但由此我們發現這些機器不能由智慧而動作，僅能由它們組織的情形而動作。因為理性是普遍的工具，能應用到一切發生的事體，而機械的組織對於個別的動作僅需要特別的反應。所以要承認在任何機器中之複雜動作使在人生一切事物中與我們理性引起我們的動作是相同，這是絕對不可能。

由這兩種方法我們也可以知道人與動物（狹義的）的區別。因爲這是很明顯的事實，即再愚蠢的人，甚至於白痴，他們都能把幾個字連結在一塊做成一個語句來表現他們的思想；而在另一方面，沒有任何別的動物，無論如何完全，但終不能與我們人所做的一樣。機器不能像人一樣，這並不是機器的缺點，鸚鵡、八哥固然也能模仿我們說話，但是不能像我們所說的一樣，換言之，即不能有證據說鸚鵡所說的即是鸚鵡的思想。在另一方面，人有時雖生爲聾啞，與動物相同，或比動物更甚，失去了與他人談話的機能，但是習慣上他們自己能發明一種符號，藉這種符號使他們的同伴來了解他們，他們的同伴並能有閒暇學習他們的言語。這並不是說動物的理性比人少，而是說動物一點理性都沒有，因爲動物一點也不需要說話，由此更可明白了。當我們注意到相同種類的動物與人中間的區別，並觀察到有些較別的更能接受教訓的時候，這是不可相信，即一個猴子或一個鸚鵡（選擇動物種類中最完全的），將在這些事中不能與一個最愚蠢的兒童相等，或者至少是一個心靈混亂的兒童，除非是動物的靈魂與我們靈魂的性質完全不同。人不應當把語言與自然運動相混，這種自然運動能證實情感，並能爲機器及動物所模枋；我們也不要以爲，如古代的許多人一樣，動物能說話，雖然我們不能了解牠們的語言。因爲假使這是眞的，牠們有許多組織與我們相同，那牠們一定能將牠們的思想通知我們與牠們自己同種類的動物。這也是很明顯的事實，即雖然有許多動物在牠們的動作中表現出比我們更爲巧妙，而在同時我們觀察到牠們不能在別的動作中表現出任何的巧妙。所以雖然事實上牠們做的比我們做的更好，但是我們不能因此證明牠們是賦有心靈，在這方面也許牠們比我們更有理由，在一切別的事中並且超過我們，然而實際上牠們是沒有理性，這是自然使牠們依照他們組織的情形而動作，正如一個鐘，由輪盤與重量組織而成，能告訴我們時間，計算時間比我們用一切的智慧來計算更爲準確。

在此以後，我會敘述理性的靈魂，並表示出這種靈魂無論如何不能來自物質的力量，像我所說的別的東西一樣，但是靈魂很明顯是被創造的。這並不夠即說靈魂住在人身體中好像領港者在船中一樣，[8] 除非或者是說運動他們的四肢，但這是必須即靈魂當與身體發生密切的關係，使與我們自己有相同的感覺與欲望，因此造成一個眞正的人。總之，我在這兒也許將靈魂的題目過於說多一點，因爲這是極爲重要。那些人否認上帝的錯誤，我已經駁斥過了，那些人想像動物的靈魂與我們人的靈魂有相同的性質，這眞是使我們微弱的靈魂離開道德的正路愈遠，果如此，在這種生活以後，我們是無所懼怕，或無所希望，與蒼蠅、螞蟻的生活又有什麼不同。所以，當一個人知道他們有如何極大的區別時，我們就很能了解有理由去證明我們的靈魂在其性質上完全與身體獨立，所以結果靈魂是不能與身體同死。由我們的觀察無別的原因能毀滅靈魂，所以我們自然不能不下一判斷說靈魂是不朽。

8 沒有人能如笛卡兒將身體與靈魂分得如此清楚，然而他很知道這二者的密切關係，與彼此的影響，這是不可否認的事實。

第六章　再進一步研究自然需要的是什麼事

有三年功夫我才完成這本《自然論》，這本書包括這一切事；因爲此書正要付印，我開始加以詳細校閱，我知道我所同意的許多意見與他們的權威對於我的行動沒有什麼大的影響，這不及我自己的理性對於我的思想的影響更大，並且知道有許多人厭惡在我以前不久爲他人所出版之一種物理學說。[1] 我並不是說此與這種物理學的意見相同，不過只是在他們的檢查者之前，我看在這種學說裡面沒有什麼能使我想像對於宗教或對於國家有什麼損害，或者結果能阻止我在著作中公然宣傳這種學說，假使我的理性能允許我如此去做；因此使我嚇怕在我自己的意見中，人或者也能發生誤會，雖然我時時留心不敢承受任何新的信仰，除非我已證實這種信仰的眞實，時時留心不敢宣傳對於任何人有害的東西。這種原因遂使我改變我以前要出版的決心。雖然我以前決心的理由很強，然而現在的傾向常常使我厭惡著作的商業化，故立即使我尋出很多別的理由原諒我自己改變以前的決心。這些理由無論在哪一方面，不

1 此處即指伽利略（Galiléc），所謂物理學說即指伽氏的地動說。

僅使我有興趣在此處來說到他們，並且我想大眾也很願意來知道他們。

我絕沒有想到要做我心靈中的這些事；從我所用的方法中我從來沒有蒐集別的結果，除非關於滿足我自己屬於思想科學的幾種困難，或者爲我的理性所規定的我的行爲，我絕不相信我自己一定要寫任何關於此的東西。關於行爲方面，每人都極相信他自己的常識，似乎是有很多的改革家做首領，假使這是允許，除了那些是上帝使他們成爲人民的管理者，或至少上帝給他們以恩惠與熱心使他們成爲預言者以外，其餘的人在行爲中不能有任何改變。雖然我的思想能給我以最大的快樂，我相信別人也有思想或者能給他們以更大的快樂，但是我一獲得關於物理學的幾個普通觀念，在幾種特別困難中我一用他們，我即知道他們領我們達於那一點，並知道他們與我們現在所用的原則有如何不同，因此我相信我要是不違犯使我們獲得人類普遍幸福的公律，是不能將他們（物理觀念）隱藏住的。因爲這些物理觀念使我們明白能獲得一種於人生很有用的知識，並且能使我們知道除了中古經院學派所教授的思辨哲學以外，我們還能找到一種實際的哲學，由此我們可以知道火、水、空氣、星、天以及環繞在我們周圍的物體的力量與動作，正如我們能清楚知道我們工人的各種不同的手藝一樣；相同，我們還能用他們在一切他們能適宜用的地方，因此即能使我們成爲自然的征服者與擁有者。這不僅要發現無窮的技術與藝術，這種技術與藝術能使我們毫無困難地來欣賞地球的果實以及在地球上所能尋到的一切好的東西；並且能使康健獲得保障，此無疑將爲人生一切別的幸福中的基礎與主要幸福。因爲心靈很多是依賴於身體組織的氣質與情形，假使眞有方法能使人比以前更聰敏，那我相信一定是在醫學中可以找到這種方法。誠然，在現在醫學很少表現出有什麼功用；我雖不輕視醫學，然我料定沒有一個人，雖以研究醫學爲職業的人，莫不承認一切人所已知的較其未知的眞不啻天淵；並且我料定假使我們對於身體能有充足的知識，能有自然給予我們一切的補救，我們眞能免除身體與心靈的無窮的疾病，而增加壽歲。但是要犧牲一生來研究如此重要的一種知識，並發現一種方法，我們必須藉此方法來達到我們所求的目的，除非我們爲生命的短促與經驗的缺乏所阻止。我想反對這兩種阻礙再好沒有的補救就是很忠實地將我們所發現的完全傳之於大眾，並要求有好志願的人，依照每人自己的志向與能力，繼續去做不得不做的實驗，將他們的發現也完全傳之於大眾，因爲前者成功的時候，後者可以開始；所以集合多數人的生命與工作，較任何個人單獨的動作要得到更多的利益。

關於實驗我也注意到，一個人的知識愈進步，這種實驗愈爲必需。在知識開始的時候，我們只用得著那些自動表現在我們感覺上的事物，並且即我們對於他們思索不多，我們仍不能不知道他們，而非去尋求更少與更精密的東西。這個理由是爲那些更少的東西常常誤引我們入於歧途，因爲我們不知道更普通的原因，並且他們所依賴的情境是非常精細與特別，我們很不容易觀察他們。但是在此中我所遵從的次序如下：第一，我想發現一切東西的普通原則或第一原因，這些事是在或能在世界當中，沒有考慮能夠完成這種目的的任何事，除了創造世界的上帝本身，或者使他們來自任何來源除了眞理的萌芽，此自然存在於我們的靈魂中。在此以後，我即考慮由這些原因演繹而來的結果，因此我發現了天、星、地球，以及在地球上的水、氣、火、礦與別的東西，這是存在中最簡單與最普通的東西，故最容易知道。當我想降下討論那些特別的東西的時候，許多各種不同的東西都紛紛表現出來，我想人的心靈不能分別從地球別的無窮事物中而來之一切物體的種類與形式，假使這是上帝的意志放在那兒他們可以是如此；或者結果也不能使他們爲我們應用，假使不是我們能由果索因，與應用許多特別的實驗。接續在我的心靈中經過一切事物表現在我的感覺上，實在我敢說我沒有觀察到任何事物不能爲我所發現的原則來解釋。但是我仍然承認自然的力量是極爲巨大，而這些原則是如此簡單，我幾乎不能觀察到任何特別的結果，對此我不能立即認識由這些原則在各種不同方法中演繹出來的結果；我的最大的困難就是發現在什麼方法中這些結果依賴於這些原則。關於此，我不知道任何別的計畫，但仍然想尋找這種性質的實驗，如用這種方法解釋與用他種方法解，其結果不能相同。最後，我現在達到我所知道的地位，這是很清楚地知道一定要採取什麼途徑，使多數的實驗能實行這種目的。但是我也知道這種實驗是非常之多，既非我的手，更非我的進款能夠達到全體；所以我能有多少力量來實行他們，我就能有多少的進步達到自然的知識。這由我以前所寫的《世界論》可以知道，並很清楚證明大眾由此所得的利益，所以我應當引導那些想對於人類有福利的人，換言之，即那些眞正有道德的人，並非僅是表面的或意見的，這二者都能傳達我已經實行的實驗，並能幫助我研究要待完成的實驗。

但是自那時候起，我因爲許多別的原因使我改變我的意見，我以爲將我認爲重要的一切東西，無論何時當我發現他們是眞實的時候，我應當繼續都將他們放在著作裡面，並且假使我願意將他們印出來，我對於他們也應當像往日一樣地小心。我所以如此，因爲這將給我以很多的機會來小心研究他們（因爲這是無疑，即一個東西是爲多數人看見的，一個東西只是爲自己，那我們對於前者常常是格外小心，還有東西當我們思想他們的時候似乎是眞的，及至寫到紙上的時候，他們似乎又是錯誤的了）；又因爲我不想對於大眾的利益失去任何機會，假使我是能夠如此，又如我的著作能有任何價值，在我死後，這些著作落在那些人手中，他們可以有權力應用他們，如對於他們是很好。然而在我生前我決心不讓他們出版，所以他們既不能引起反對，也不能引起辯論，並且也不能使我獲得任何名譽，這種引誘也不能使我失去任何時間離開了我自己的苦讀。雖然這是實在即每人不得不取得他人的利益，對於無人是有用的普通說來是無價值的，同時這也是實在，即我們的留心應當擴展至比現在更遠，並且這樣好除去了這些事，即他們對於生活或者能有益處，當我們正在要完成別的目的，此對於我們的子孫將更有益。實際上我很願人知道我們以前所知道的較我們所不知道的眞是等於沒有，較我們不絕望能達到的知識也是很少。那些在科學中一點一點發現眞理的人，與那些開始是很豐富，經過很少的困難能獲得比他們以前經驗過更多的東西，及至達到很少量而貧乏的時候，他們這兩種人是相同的。或者我們可以將他們與軍隊中的將官相比較，他們的力量與他們的勝利往往是成比例的，在打敗戰以後，爲聚集他們的隊伍起見，比在打勝戰取得城池以後，格外需要領袖。凡能征服阻止他們達到眞理知識的一切困難與錯誤的人，即是實在打勝戰的人，而凡是關於任何概括與重要的事允許有錯誤的意見，這就是打敗戰的人。因爲要恢復以前所占的地位需要更多的技術，較須使已有的原則進步。在我自己，假使我能在科學中發現某種眞理（我希望在這本書裡面能表現出我是已發現了點眞理），我可以說他們是由於與依賴於五、六個主要困難，此爲我所戰勝，並且我遇了許多戰爭，幸而我仍是在我自己的一邊。我可以毫不遲疑地說，我用不著再有兩、三個勝戰，我即能完成我的計畫。我的年歲還並不算老，在自然的普通道路中，我仍能有很多的閒暇來完成我的目的。我相信我自己還能有很多的時候存在，所以我極希望能好好利用這些時間。無疑，假使我出版了我的物理學的基礎，我將有很多機會白費了我的時間；雖然這是很明白，即要承受他們便必須了解他們，雖然在他們中沒有東西我不相信能自己給以證明，然而，因爲這是不可能，即能使之符合於別人的許多不同意見，我預知我將爲我的反對者分離我主要的計畫——由這些不同意見所生的反對者。

我可以說這些反對的意見在這兩方面對於我都有利益，一方面是使我知道我的錯誤，假使我已達到滿意的結論，別人已十分了解我的思想；一方面是多數人看見的比一個人看見的更明白，他們可以幫助領導別人，他現在開始應用我的系統，並且用他們的發現來幫助我。雖然我承認我是極容易錯誤，雖然我幾乎絕不相信我達到的第一次思想，但是由我的系統而引起之反對的經驗看來，實在不能使我對於由他們（反對者）而來的利益有任何希望。因爲對於這兩種判斷我常常有經驗，一種我認爲是我的朋友，還有另一種人，我相信我自己對於他們是漠不關心，並且還有些人，他們不好的情感與嫉妒將使他們自己極力顯示出在我朋友眼中不能看見的情感。但是任何反對很少不爲我所預知，除非那些離開我題目很遠的意見。我很難遇到我的批評者（即批評我意見的人）能如我自己有力量或公平；我也不相信能用爭論的方法發現我們以前不知道的任何眞理，雖然這種方法爲中古經院學派用過。當每一方面都想戰勝他的敵人的時候，最重要的是建立或然的是非，並不是評衡兩方面的理由；凡是極擅長辯論的律師不見得因此即是最好的法官。

至於別人由我思想的溝通而得的利益，這也不能很大，我並沒有使他們能到如此之遠，即在他們未有實際應用之前，這不必需要再加上許多事。我想我不必誇大，可以說假使任何人都能如此做，這一定我自己而不是別人，在世界上誠然不見得沒有許多心靈能越過我自己的心靈，但是因爲沒有一個人能如此了解一件事，當他學習別人的時候，而能使之成爲他自己的，好像是爲他自己發現的。關於眼前的事實亦有很多的眞理在裡面，雖然我對於有很好智慧的人常常解釋我的意見，當我與他們談的時候，他們對於我的意見似乎了解得很清楚，然而當他們再述及我的意見時，我覺得他們這種態度完全改變了，所以我幾乎不能承認他們所述這種意見是我自己的意見，[2]因此我是很滿意在此處有一個機會來請求我以後的人千萬不要相信這些意見是由我而來，除非是我自己宣布的。關於古代許多哲學家的著作我們現在已不能獲得，所以對於他們

---

2 笛卡兒在他活著的時候已不承認許多學生對於他的學說的解釋。這在他的通信中都可以看出。

一切太過的敘述在我一點也不奇怪，我也不能由此斷判他們的思想是很不合理，而視他們爲他們生活的那個時代的最好的心靈，但是僅知道他們表現於我們的只是不完全。我們也知道他們的弟子很少能超過他們，我料定那些熱心信仰亞里斯多德的人，他們有一天一定想他們自己是很快樂，假使他們所有自然的知識能如亞氏所有的那樣的多，雖然他們絕不能達到較此再多的知識。他們好像藤蘿，絕不想爬過樹的上面，在藤蘿達到樹的頂點以後，樹再使之下落；因爲在我以爲這些人也是再往下落，這就是說，他們多少將愈爲無知，假使他們限制他們的研究。因爲不滿意一切在他們著作者之中的清楚的解釋，他們想另外在他們的著作者中尋出許多困難的解決，而他（原著作者）對於這些困難不僅沒有說過，並且想也沒有想到過。同時他們哲學思想的形式特別適宜於那些能力平常的人，因爲他們所用的原則與區分都不清楚，這就是他們很勇敢來談一切事的理由，好像他們是實在知道了一切，他們辯護他們一切所說的，並反對最尖銳的理論，沒有任何人能有方法說服他們。在我看來這些人和瞎子一樣，他們與一個看見的人相戰非無利益，能使看見的人入於黑暗的深淵。我也可以說，這是這種人的興趣，即我將停止出版我所用的哲學原則，因爲他們是極簡單明白，要出版他們，我也要入於黑暗的深淵，雖然我要打開窗子，放入陽光到深淵中，這種深淵就是他們因爲打戰而墮入在裡面的。但是雖是最好的心靈，也沒有理由想獲得這些原則，因爲假使他們只想能談論一切的事，而獲得一個博學的名譽，他們將很容易達到他們的目的，由表面的眞理就可以滿足自己，這種眞理在各種事物中均可以找到，沒有什麼困難，至於尋求眞理只能在一定的範圍內一點一滴地顯示出來，那就比較困難多了，並且這種眞理一經他人發生疑問的時候，即使人不得不承認他自己是無知。然而假使他們願意具有少量眞理的知識，以爲是無所不知，這種知識固然爲人人所歡迎，但是假使他們願意跟我自己走相同的道路，那我在這本《方法論》中已說得很多，不需再多說了，因爲假使他們能走過我所達到之點，他們一定能夠尋得一切我已發現的。因爲除了事物之秩序外，別的任何東西都不研究，遺留下來爲我所發現的在其本身言之比我以前所遇到的任何事更爲困難、更爲隱藏，他們由我所知道者較由他們自己所知道者當更少興趣。此外，他們獲得這種習慣，即最初研究簡單容易的事，而後再漸漸一點一滴達於最難的事，這較我一切所受的教訓都有益處。因爲在我相信假使自我幼年的時候有人教授我一切的眞理，就是我藉證明所尋求的眞理，並且我沒有任何困難來了解這種眞理，那我或者將不能知道任何別的眞理，或者至少我絕不能獲得我以爲已獲得的習慣與便利，只要我使我自己去尋求他們，覺得他們永遠是新的。總之，假使在世界上有任何工作，不能爲他人所完成，這種工作我將努力爲之。

誠然，關於試驗對於這種目的固然是很有用，但是一個人不能完成一切的事。不過除了他自己的手以外，他再不能用別的手，除非是那些工藝家或者是他所僱用的人，得錢的希望——這是一個很有效能的方法——能使他們很準確地照著指揮者的意思做一切的事。至於這些人不論是好奇心或是想學習，自動地可以幫助他，他們不僅是言之匪艱，而行之維艱，想出很好聽的計畫，永遠不能實現，並且他們因爲許多困難的解釋而要求報酬，或者至少因爲訣詞與廢話，此將消費學生之時間不少。至於他人已做的試驗，雖然他們想將這些試驗傳之於他——那些名之爲祕密的人絕沒有做——他們一大部分是由許多情境或過剩物質相偕而來，要想弄清楚眞理這在他是很困難。除此以外，他覺得都是壞的解釋，並且是錯誤的（因爲那些實行他們的人一定要使之與他們的原則相合），假使有些對於他是有用，那他們很不值得必須有選擇的時間。這是實在，即在世界上任何一處假使有一個人，人知道他一定能發現最重要的事，並且對於大眾極爲有用，又因爲這種理由，假使一切別人都極想用種種方法來幫助他，使他達到他所計畫的目的，我不相信他們除了供給他所需要的新鮮的經驗以外，就不能對他有別的幫助，總之，他不能因爲任何困難而拋置其閒暇。但是在此事實以外，我既不視我自己太高，以爲能言及一切非常的事，我也不妄想大眾對於我的計畫能具有很大的興趣，我也沒有這種卑鄙的靈魂，即希望承受無功之賞。

三年來所有這一切考慮都是我不願意出版在我手邊這本《方法論》的原因，這並且也是我決心當我活著的時候不發表任何其他這一類普遍的東西，或者使人藉此了解我物理學的基礎。但是因爲兩個別的理由，又使我不得不躍躍欲試，故在此處公開我一部分的行爲與計畫。第一，假使我要不如此做，在以前有許多人知道我出版的某種著作的意思，他們想像我現在不出版的原因，那對於我實際上將更有害；我雖然不喜歡不應得的榮譽，並且我可以說我恨這種榮譽，因爲此與平靜相反，我認平靜在一切事物之上，同時我從來不想掩飾我的行爲，雖然這種行爲是過錯，我也不想用種種方法使人不知道這些行爲，一部分因爲這種對於我自己有損無益，一部分因爲這種能給我以不安，此種不安與我所求之完全平靜的精神相反。因此，使我對於我是否爲人知一事極爲冷淡，我固不能阻止我自己獲得一種名譽，但我想至少我應當盡力阻止我自己獲得一種壞的名譽。使我不得不寫此書的又一理由是我變得一天一天拖延使我受益的計畫，因爲缺少無限的試驗，要無他人的幫助，我是絕不能爲此。雖然我不敢自欺說希望大眾在我的興趣中參加一大部分，然而我亦不願自甘墮落，更不願有一天給這些人一個機會，責備我說我遺留下許多更好的事還沒有做，假使我沒有太忽略使他們了解在什麼方法中，他們能對於我計畫的完成的貢獻。

要選擇幾種材料，不引起許多反對的爭論，也不強迫我公布我不願意公布的原則，[3]並且很清楚地指示在科學中什麼我是能做的、什麼我是不能做的，這在我是很容易。在此中我不願意說我是成功或是沒有成功，我也不願意預料任何人對於我的著作的判斷；但是我很願意別人來研究他們（著作），因爲他們能有很好的機會，我請求那些凡對於我的著作有反對議論的人，把他們的困難都送到我的出版者那兒，爲使這些困難獲得明白起見，所以我同時附以我的回答。[4]因此，讀者得同時

3 笛卡兒常常是很謹慎地遵守這個原則，所以欲了解他對於幾個複雜問題的真正思想，以及他系統的底蘊，實在是不容易。

4 對於笛卡兒的反對我們可以指出許多人，最著名的卡德路（Catérus）、霍布斯（Hobbes）、阿爾奴（Arnauld）、加桑地（Gassendi）等。由笛氏給他們的回答中，可以使他的系統中有幾點得以明白。

看見反對的意見和我的回答，對於眞理的判斷當更爲容易；因爲我從來沒有過很長的回答，但是僅此可以很明白看出我的過錯，假使我是知道了我的過錯，或者假使我不能知道他們，簡言之，即我相信必須辯護我所寫的東西，不增加任何新材料的解釋，免得我由此說彼，甚至說之不盡。

假使在 Dioptrics 與 Météors[5] 的開始，我說了許多的材料初看應當受攻擊，因爲我只是稱他們爲假設，沒有留心到他們的證據，讓讀者耐心將他們讀完，我希望他們能獲得滿意。在我以爲推理是互相發生關係的，後者可以爲前者所證明，此前者即爲原因；前者也可以爲後者所證明，此後者即爲結果。一定不要想像我犯了論理學家所說的循環論證的錯誤，因爲經驗能使這些結果的一大部分很確定，結果所從出的原因不

5 笛卡兒的《方法論》原來是包括 *Discours de la Méthode*、*Dipotrique* 與 *Météores* 三書，不過後二書後來刪去了。

能用來證明結果的存在，好像解釋他們（結果）一樣；在另一方面，原因也爲結果所解釋。我所以不稱他們爲假設，因爲我想他們可以由這些第一眞理演繹出來，這種第一眞理我在上面已解釋過了；然而我想不如此做，因爲可以阻止有些人欲在我的原則上建立非常哲學的系統，因此使我負了責任。有許多人他們以爲可以在一天發現一切在二十年中的工作，他們對於這種工作僅說到兩、三個字；然而，他們實際上是犯了錯誤，不能知道眞理——變化萬端的眞理。關於那些意見要眞正都是我的，我倒不以爲他們太新，假使我們要詳細考慮他們的理由，我料定他們是很簡單，並與常識相合，較任何討論與此同題目的別的學說都少驚人、少奇異。我並不是誇口說我是第一個發現他們的人，但是僅說我採取他們，不是因爲這種學說已爲他人所主張，也不是因爲這種學說沒有被人所主張，而唯一的原因只是理性使我不能不服從他們的眞理。

雖工藝家不能立即實行在 Dioptrics 中所解釋的發明，我不能因這種理由即說這是很壞；必須有說明與習慣使與機械適合，這種機械即是我所詳細敘述的，在第一次遇到機械即能很好地駕馭他們，等於我看見有人在一天即能會彈六弦琴，並且彈得很好，是一樣的驚奇，因爲僅僅有一個好的音樂譜在他們的前面。假使我用自己本國的語言——法文——來寫書，[6]不用我的教師的語言——拉丁文——來寫書，這是因爲我希望那些用純粹自然理性來判斷我的意見，較那些相信古代典籍的人一定好得多；至於那些結合理性與研究爲一的人，正是我希望中的判斷者，我料想他們不會如此偏向拉丁文，因爲我是用一種通俗的語言遂拒絕我的推理。

最後，將來我希望在科學中的進步，此處我不想再詳細說了，我也不想對於大衆用任何諾言來束縛我自己，此種諾言即我一定不能完成的。但是我可以說我不想用我這一生殘餘的時間再從事別的事，除了努

---

6 在笛卡兒時代用法文寫書實在是一件驚人的事，正如我們在數十年前用白話文寫東西之驚人一樣。

力獲得自然的知識以外，此種知識能使我達到更確定的醫學規則；我的傾向極反對任何別的研究，尤其是那些有用於此人，而有害於他人的研究，假使有情境反對我應用他們，我不想我將能夠成功。如此說來不啻我明白宣言不能使我在世界中有所研究，但是我也不想達到這種目的；我應當使我自己感謝這些人，即藉他們的恩惠我能無阻礙地享受我的閒暇；至於那些人能使我在世界中獲得榮耀的地位，我固然也感謝他們，不過還不及前者那些人。

笛卡兒年表

René Descartes 1596～1650

年代	歲數	事件
一五九六		三月三十一日，雷內·笛卡兒（René Descartes）誕生於法國都蘭（Touraine）艾葉村（La Haye，今改名為笛卡兒）。祖父是醫生，父親若亞欣·笛卡兒（Joachim Descartes）是當地高等法院律師和議會議員。
一五九七	一歲	五月十三日，母親秀妮·白樂霞（Jeanne Brochard）因肺病去世（一說難產）；父親將笛卡兒和一兄、一姊寄養外婆家，由外婆和另一位保母撫養長大。因體弱多病，故或有雷內（René，再生）之名。
一六〇〇	四歲	父親再婚。仍居外婆家。
一六〇六	十歲	就學耶穌會弗萊士（La Flèche）公學。校長是家庭朋友，特許他每天早上睡到十一點鐘（其餘學生得五時起床，參加晨禱）；這後來變成他終生的習慣。在校八年，學習古典文學、數學、修辭學、邏輯、亞里斯多德哲學等科目。自認除數學外，並未獲得任何確切有用的知識。
一六一四	十八歲	弗萊士公學畢業，奉父命，進入臨近的波阿狄埃（Poitiers）大學。
一六一六	二十歲	大學畢業，獲法學學士學位，並取得律師執照。這期間前後，除讀書外，學習騎馬、鬥劍和舞蹈。
一六一八	二十二歲	不願從事法律工作，去荷蘭從軍，任莫里斯親王（Maurice of Nassau）隨軍顧問，兼土木工程師。因不支薪俸，仍維

		持自己特有的生活習慣。居留布列達（Breda，今屬比利時），邂逅荷蘭數學家、科學家比克曼（Issac Beeckman，一五八八～一六三七），受其慫恿，開始潛心於數學和物理學的研究。是年著《音樂大全》一書，論生理與心理在音樂中呈現的現象（當時音樂屬於應用數學的範疇），獻給比克曼，作為新年禮物。
一六一九	二十三歲	波西米亞「三十年戰爭」爆發。投入巴伐利亞公爵馬克西米蘭（Maximilian I of Bavaria）的軍隊，生活如常。四月，旅行德國。十一月十日夜間在烏爾姆（Ulm）一場連續的夢境中，悟到以數學為中心的新科學方法。
一六二〇	二十四歲	十一月，曾隨軍參與布拉格戰役。
一六二二	二十六歲	返抵法國。變賣部分繼承自母親的遺產，得到一份可觀的年俸。暢遊義大利等地。認為世界是一冊「最偉大的書」。
一六二五	二十九歲	在巴黎結識梅色納神父（Père Mersenne，一五八八～一六四八），貝律爾主教（Cardinal Pierre de Bérule）。
一六二八	三十二歲	開始草作《心靈指導守則》，但從未完成（遲至一七〇一年死後出版）。十一月，挑戰化學家向杜（Chandoux）。向杜以為科學皆依賴可能性（probability），笛卡兒則提出確定性（certainty）作為反駁。貝律爾主教至為讚賞，鼓勵他作系統的報告。是年去荷蘭定居，住在Dordrecht，致力於寫作。但每一、二年必搬家一次，二十一年間，共遷居十四次。自謂要生活得好，「必須躲起來」。

一六二九	三十三歲	遷居Franeker，旋遷阿姆斯特丹。四月，化名波特文（Poitevin），註冊進入University of Franeker，從Jacob Golius及Martin Hortensius習數學。在校二年。開始撰寫《世界論》。對荷蘭平靜而孤獨的生活極感滿意，戲稱自己是荷蘭「唯一一個不做買賣的人」。
一六三〇	三十四歲	遷往Leiden，旋回阿姆斯特丹。因比克曼有抄襲自己著作之嫌，與之交惡。
一六三二	三十六歲	遷居Deventer。
一六三三	三十七歲	完成《世界論》，準備次年出版。但因伽利略（一五六四～一六四二）闡揚哥白尼太陽中心思想，羅馬教會以邪說論罪，笛卡兒遂隱藏《世界論》，終身未予發表（一六六四年刊出時，笛卡兒過世已十四年）。
一六三四	三十八歲	返回阿姆斯特丹。
一六三五	三十九歲	住烏特雷池（Ultrecht）。笛卡兒終身未婚，是年寓所女僕海倫（Helène Jans）為他生下一女，名弗蘭馨（Francine）。
一六三六	四十歲	遷回Leiden，旋遷Egmond。
一六三七	四十一歲	用法文寫成《談談方法》，附〈折光學〉、〈氣象學〉、〈幾何學〉三篇論文；有意以通俗的文字和風格提倡方法學。
一六三八	四十二歲	遷居Santpoort。

一六四〇	四十四歲	返回Leiden。正在籌畫將女兒送往法國就學，弗蘭馨因高燒不退，九月殤逝，年僅五歲；自謂是生命中最大的一次打擊。十月，父親去世。完成《沉思錄》。藉友人梅色納之助，廣徵當代著名學者意見，包含荷蘭的凱特（Johan de Kater）、英國的霍布斯（Thomas Hobbes，一五八八～一六七九）、法國的伽桑狄（Pierre Gassendi，一五九二～一六五五），和梅色納本人，並分別詳為答辯。
一六四一	四十五歲	遷居Endegeest。《第一哲學沉思錄》拉丁文本，連同六篇〈異議書和答辯〉在巴黎出版，副標題為「上帝的存在和靈魂不滅的探討」；有〈致索爾邦神學院的獻詞〉，封面上且注明「索爾邦院士推薦」字樣。
一六四二	四十六歲	《沉思錄》再版在阿姆斯特丹出版，〈異議書和答辯〉增為七篇，副標題則改為「上帝的存在和身心殊途的探討」，而「索爾邦院士推薦」的字樣則從封面上刪除。是年在海牙認識波希米亞公主伊麗莎白（Princess Elisabeth of Bohemia，一六一八～一六八〇）。
一六四三	四十七歲	烏特雷池（Ultrecht）大學校長弗埃提烏士（Gisbertus Voetius）匿名控告笛卡兒為無神論者，並禁止在大學內講授笛卡兒哲學。笛卡兒有〈給弗埃提烏士的一封公開信〉。九月，烏特雷池議會判笛卡兒有罪，笛卡兒以法國公民身分拒絕在荷蘭受審。與伊麗莎白公主通信始於此年。最後一次遷居到Egmond-Binnen，居停六年，是居留荷蘭最長的一段時間，直至啓程赴瑞典。

一六四四	四十八歲	五月，旅行法國，十一月，回荷蘭。《哲學原理》拉丁文本出版，獻給伊麗莎白，卷首有〈致伊麗莎白公主獻詞〉。
一六四五	四十九歲	應伊麗莎白公主之請，開始撰寫《靈魂的熱情》（或譯《情緒論》）。
一六四六	五十歲	《靈魂的熱情》全書以法文寫作，是年完成。
一六四七	五十一歲	法文本《沉思錄》在巴黎出版。烏特雷池大學醫學教授雷吉烏斯（**Henricus Regius**，一五八九～一六七九）原為笛卡兒忠心弟子，後因意見不合叛逆，四月，攻擊《哲學原理》，笛卡兒寫〈單面海報的評語〉辯護，再度強調心身二元和上帝存在的理論。
一六四八	五十二歲	四月十六日，青年新教徒布爾曼（**Frans Burman**）造訪，有〈布爾曼對話錄〉。九月，好友梅色納神父去世。是年完成《人體論》（一六六四年，與《世界論》同時出版）。
一六四九	五十三歲	經瑞典女王克麗絲提娜再三邀請，和法國駐瑞典公使夏紐（**Pierre Chanut**，一六〇一～一六六二）的慫恿，笛卡兒於九月動身前往斯德哥爾摩，為女王講學。《靈魂的熱情》在巴黎和阿姆斯特丹同步發行。

一六五〇	五十四歲	為女王授課，皆在凌晨五時，向有晚起習慣的笛卡兒深以為苦。因住好友夏紐家，照拂夏紐肺炎之疾，遭到感染，於二月十一日，患肺炎去世。女王深為自責。由於瑞典為新教國家，而笛卡兒信奉天主教，只能葬在斯德哥爾摩兒童墓地Adolf Fredrikskyrkan。遺骸今存巴黎聖日耳曼修道院（Abbey of Saint-German-des-Prés）。現代德國學者Theodor Ebert相信笛卡兒死於砒霜中毒，是僧人Friar François Viogué蓄意的謀害，證據見其《笛卡兒死因之謎》（*Der ratselhafte Tod des Rene Descartes*）一書。

笛卡兒主要著作書目（含拉丁文、法文、英文與中文）

1 *Oeuvres de Descartes,* 《笛卡兒全集》，Charles Adam與Paul Tannery編（Paris: Vrin/C.N.R.S., 1964-76）。含拉丁文與法文原著標準本；通稱AT本。

2 *Philosophical Writings of Descartes,* 2 vol.，《笛卡兒哲學著作》，上、下二冊，John Cottingham, Robert Stoothoff與Dugald Murdoch編譯（Cambridge: Cambridge University Press, 1984-85）。通稱CSM本。

3 *Meditations on First Philosophy,* 《第一哲學沉思錄》，G. Heffernan編譯（Notre Dame: University of Notre Dame Press, 1990）。

4 *Meditations on First Philosophy with Selections from the Objections and Replies,* 《第一哲學沉思錄，附異議和答辯書（選）》，John Cottingham編譯（Cambridge: Cambridge University Press,1996）。

5 *Meditations and other Metaphysical Writings,* 《沉思錄及其他形上學著作》，Desmond M. Clarke編譯（London: Penguin Books,1998）。

6 *Discourse on Method,* 《談談方法》，Paul J. Olschamp編譯（Indianopolis: Bobbs-Merrill, 1965）。

7 *Discourse on Method,* 《談談方法》，John Veitch譯（London: Everyman, 1994）。

8 *Principles of Philosophy,* 《哲學原理》，R.P. Miller譯（Dordrecht, The Netherlands: Synthese Historical Library, 1984）。

9 *The Passions of the Soul,* 《靈魂的熱情》，Stephen Voss譯（Indianopolis: Hackett Publishing Company, 1988）。

10 《方法論》（即《談談方法》）（北京：商務印書館，一九三四）。
11 《哲學原理》（北京：商務印書館，一九五八）。
12 《第一哲學沉思集》（北京：商務印書館，一九八六）。
13 《探求眞理的指導原則》（北京：商務印書館，一九九一）。
14 《沉思錄》，附《哲學原理》，黎惟東編譯（臺北：志文出版社，二〇〇四）。
15 《沉思錄》，周春塘編譯（臺北：五南圖書出版公司，二〇一〇）。

經典名著文庫 109

談談方法

Discours de laméthode

作　　者 — 笛卡兒（René Descartes）
譯　　者 — 彭基相
發 行 人 — 楊榮川
總 經 理 — 楊士清
總 編 輯 — 楊秀麗
文庫策劃 — 楊榮川
本書主編 — 蘇美嬌
封面設計 — 姚孝慈
著者繪像 — 莊河源
出 版 者 — 五南圖書出版股份有限公司
地　　址 — 臺北市大安區 106 和平東路二段 339 號 4 樓
電　　話 — 02-27055066（代表號）
傳　　眞 — 02-27066100
劃撥帳號 — 01068953
戶　　名 — 五南圖書出版股份有限公司
網　　址 — http://www.wunan.com.tw
電子郵件 — wunan@wunan.com.tw
法律顧問 — 林勝安律師
出版日期 — 2020 年 10 月初版一刷
2023 年 5 月初版二刷
定　　價 — 200 元

國家圖書館出版品預行編目資料

談談方法 / 笛卡兒（René Descartes）著；彭基相譯． --
初版． -- 臺北市：五南，2020.10
面；公分
譯自：Discours de la méthode
ISBN 978-957-11-9702-9（平裝）

1. 笛卡兒（Descartes, René, 1596-1650）
2. 學術思想　3. 科學方法論

146.31　　107006255